TRAITÉ

DE

L'ART HÉRALDIQUE

OU LA

SCIENCE DU BLASON

ABRÉGÉ

PAR M. BOUTON

PARIS

M. BOUTON, Libraire-Éditeur,

PLACE GERSON, 6, ET RUE DE L'ÉCOLE DE MÉDECINE, 86.

—

1873

TRAITÉ

DE

L'ART HÉRALDIQUE

TRAITÉ

DE

L'ART HÉRALDIQUE

OU LA

SCIENCE DU BLASON

ABRÉGÉ

PAR M. BOUTON

PARIS

M. BOUTON, Libraire-Éditeur,

RUE DE L'ÉCOLE DE MÉDECINE, 86.

1873

DU BLASON.

Dans l'antiquité les Guerriers ont pris certaines marques symboliques dont ils ornaient leurs boucliers, leurs casques, mais qui ne furent point des marques héréditaires de noblesse.

Les armoiries telles qu'elles sont à notre époque ne datent que du onzième siècle ou de la fin du dixième d'après les meilleurs auteurs qui aient écrit sur la science héraldique; en date du commencement du règne de Louis le jeune, on possède des manuscrits sur le *blason*, qui régla les offices, les fonctions des Hérauts, on en trouve encore du temps de Philippe Auguste et autres, mais qui sont très-peu importants.

Les emblêmes, les figures de toute nature n'étaient autre chose que des signes de ralliement ou de guerriers de telle ou telle contrée.

Nous devons attribuer les premiers éléments du code héraldique aux Allemands, les Français le perfectionnèrent et le portèrent en Espagne et en Angleterre ; les tournois en Allemagne datent de 938. Dans les tournois on se servait du Blason pour louer ou blâmer : c'est de *Blazen* « mot allemand qui signifie sonner du cor, ou de la trompe » qu'est venu le mot de Blason parce que ceux qui se présentaient aux pas d'armes et aux tournois sonnaient de leurs trompes, prouvaient leur noblesse, et présentaient leurs devises, leurs cimiers pour s'y faire recevoir. Jusqu'alors le Blason était fantaisie de l'homme qui se distinguait. Vers la fin des expéditions de la Terre Sainte, le Blason devint une science : elle se compose

I.

d'écussons, de métaux, d'émaux, de partitions, cimiers, lambrequins, timbres, supports, devises, certaines armoiries avec leur fable ou légende.

Des pièces d'or frappées sous Philippe de Valois le représentent assis sur un trône tenant de la main gauche un écu semé de fleurs-de-lys et son épée de la droite. Le roi Jean aimait beaucoup cette science.

Différents auteurs apportèrent des règles nouvelles qui furent appliquées à une époque où les belles-lettres étaient peu florissantes.

Bientôt la poésie s'empara de cette langue imagée, qui a ses règles fixes et invariables.

Depuis quelques siècles les signes de noblesse ont tenté la vanité de beaucoup de gens, mais le mépris des rois et des empereurs, comme celui du public, fit bonne justice des usurpateurs.

Le Blason est une espèce de langue hiératique et sacrée connue seulement d'un petit nombre d'adeptes et de savants. Ce traité a pour but de vulgariser cette science.

DE L'ÉCU ET SES FORMES.

L'écu français dont on se sert est long, carré, arrondi aux deux angles inférieurs, ce qui forme la pointe au milieu de sa base. Fig. 1.

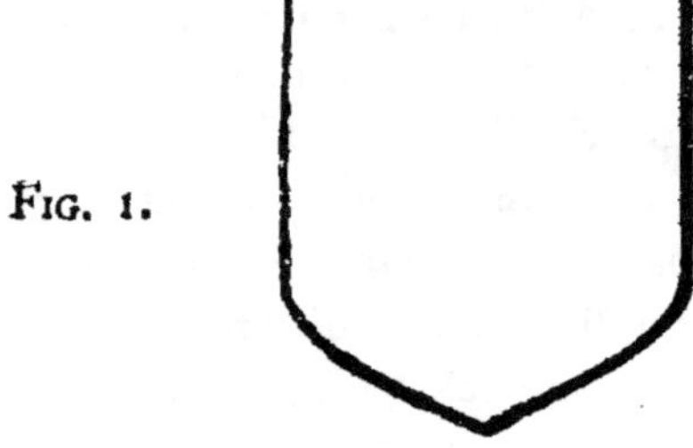

FIG. 1.

Sur les sceaux anciens, l'écu se posait penché sur le côté. Fig. 2.

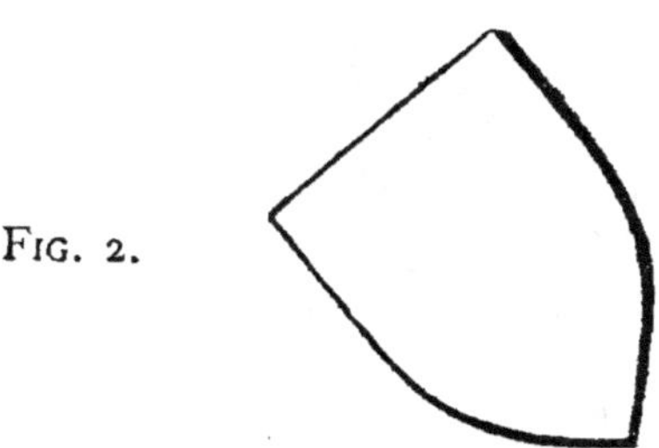

FIG. 2.

A l'armée, tous les seigneurs qui portaient bannière avaient l'écu carré. Fig. 3.

FIG. 3.

Le sexe féminin le porte en losange. Fig. 4.

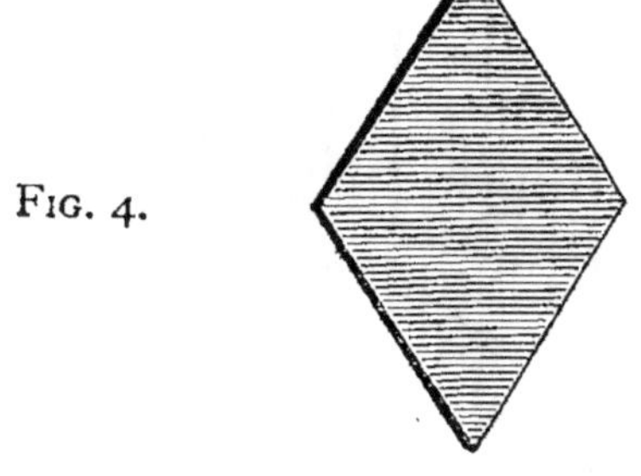

FIG. 4.

L écu espagnol est rond à sa base. Fig. 5.

Fig. 5.

L'écu en Italie a la forme ovale. Fig. 6.

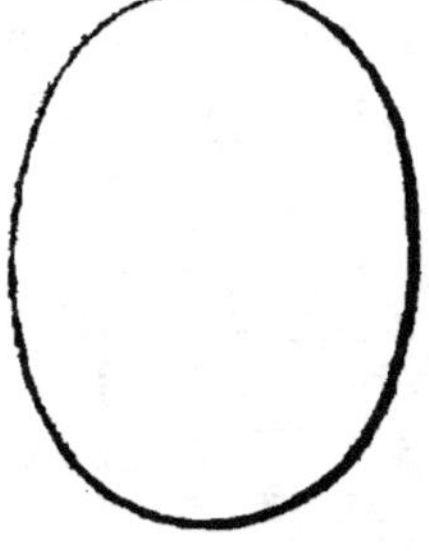

Fig. 6.

L'écu anglais a beaucoup de rapport avec le style français. La différence est que sa partie supérieure est plus évasée. Fig. 7.

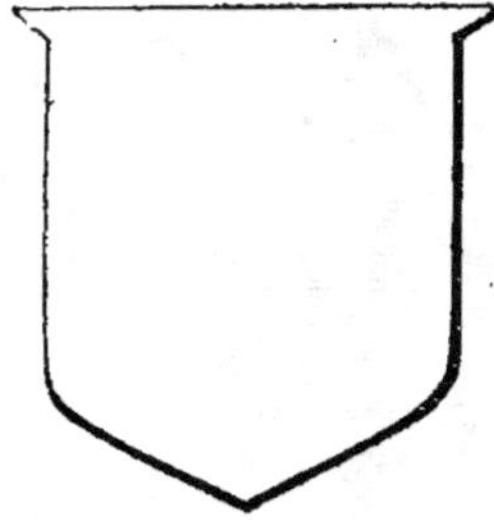

Fig. 7.

En Allemagne l'écu a une échancrure pour supporter la lance. Fig. 8.

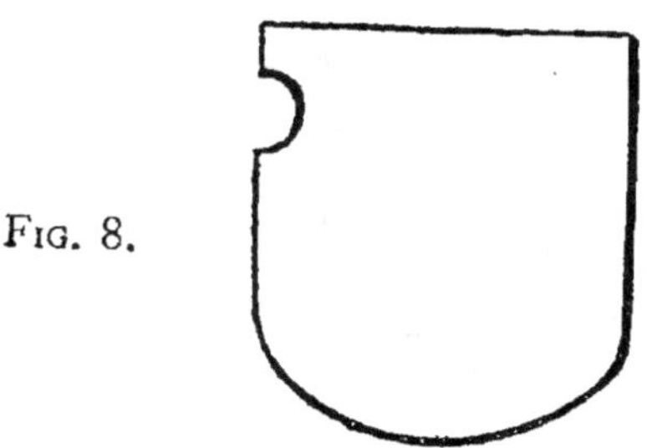

Fig. 8.

Il existe une grande variété de cartouches, de lambrequins qui se prêtent à la fantaisie de l'artiste.

LES PARTITIONS.

Les partitions de l'écu sont ses divisions : *le Parti*, par une ligne perpendiculaire. Fig. 9.

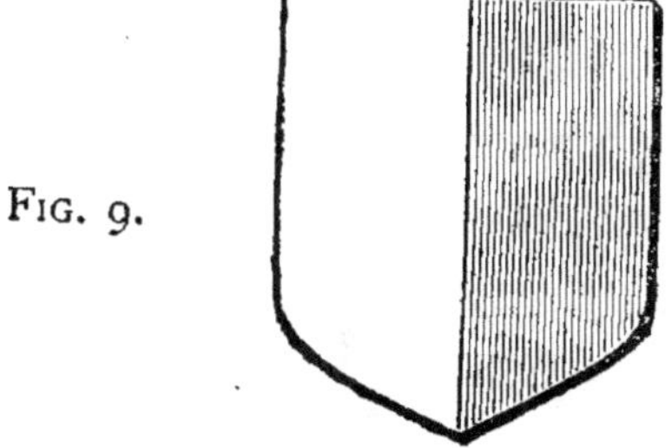

Fig. 9.

Le *coupé*, par une ligne horizontale au milieu de l'écu. Fig. 10.

Fig. 10.

Le *tranché*, par une ligne diagonale de droite à gauche. Fig. 11.

Fig. 11.

Le *taillé*, par une ligne diagonale de gauche à droite. Fig. 12.

Fig. 12.

L'*écartelé*, en croix. Fig. 13.

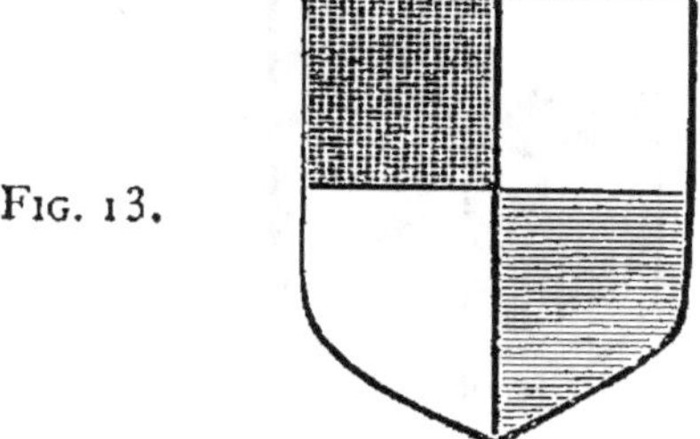

Fig. 13.

Le *tiercé*. Fig. 14.

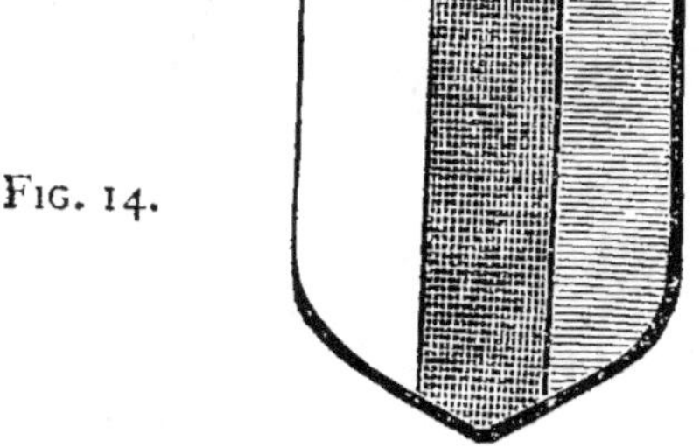

Fig. 14.

Le *Sautoir*. Fig. 15.

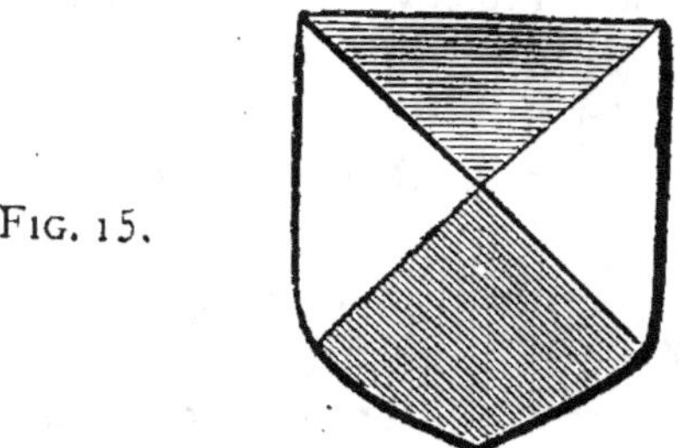

Fig. 15.

Le *Gironné*. Fig. 16.

Fig. 16.

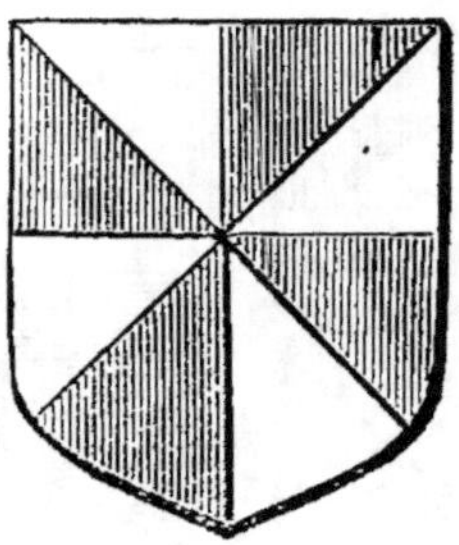

DES MÉTAUX.

Il y en a deux : l'*or* qui représente l'emblême des vertus ; telles que la générosité, la clémence et la justice.

L'*argent* (blanc) est l'emblême de la beauté, de la franchise et de l'innocence.

DES ÉMAUX.

Il y en a cinq :

Le *gueules* (rouge) indique le courage, la vaillance.

L'*azur* est le (bleu) qui signifie vigilance, douceur.

Le *sinople* (vert) est l'emblême de la courtoisie, de l'espérance et de la joie.

Le *sable* (noir) est l'emblême du deuil, de prudence, de la tristesse.

Le *pourpre* est violet.

L'*écu* rempli d'un seul émail ou métal est dit plein, d'or ou de gueules.

L'*hermine*, peau d'animal qui représente toujours une haute autorité.

Le *vair* est toujours d'azur et d'argent, il est formé de petites cloches opposées les unes contre les autres.

Règle générale, on ne doit jamais poser métal sur métal, ni couleur sur couleur.

On représente en gravure les émaux et métaux par le moyen des hachures, ou des traits.

EXEMPLES

DES MÉTAUX.

L'*or*, est pointillé. Fig. 17.

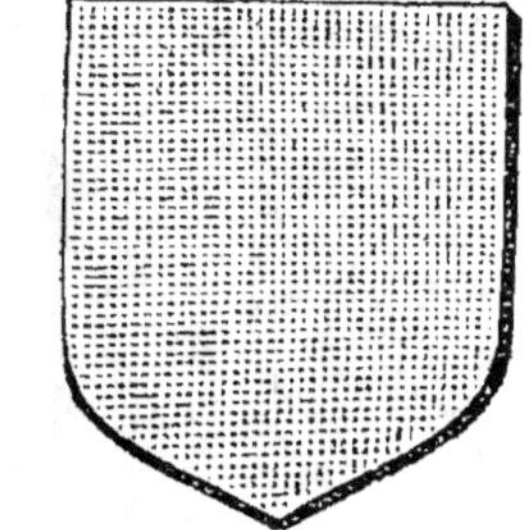

Fig. 17.

L'*argent*, tout blanc. Fig. 18.

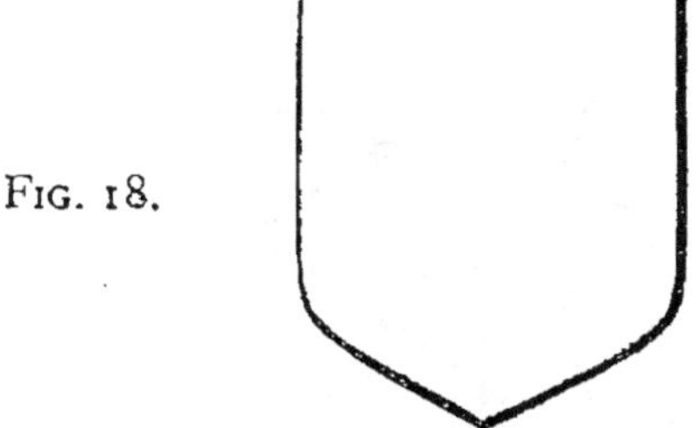

Fig. 18.

2

DES ÉMAUX.

L'azur, est représenté par des traits tirés horizontalement. Fig. 19.

Fig. 19.

Le *gueules*, par des traits perpendiculaires. Fig. 20.

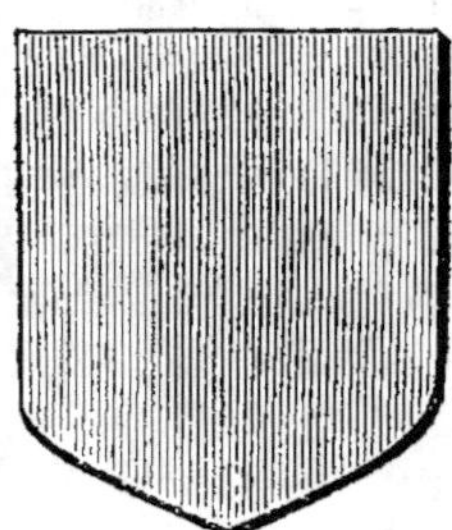

Fig. 20.

Le *sinople*, par des traits diagonaux de droite à gauche. Fig. 21.

Fig. 21.

Le *pourpre*, par des traits diagonaux de gauche à droite. Fig. 22.

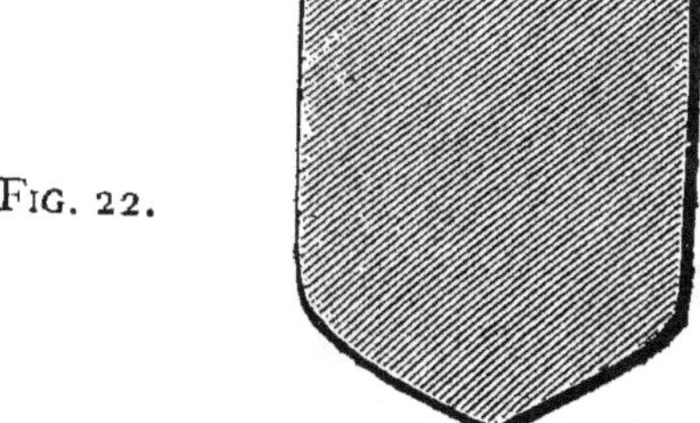

Fig. 22.

Le *sable*, se marque tout noir ou par des traits croisés. Fig. 23.

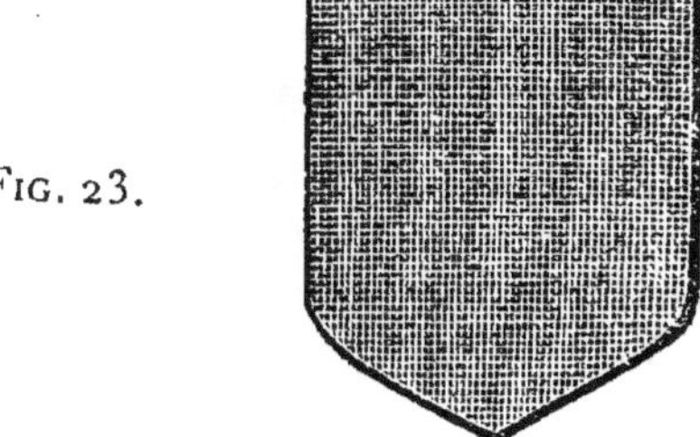

Fig. 23.

Outre ces émaux et métaux, il y a deux fourrures, l'*hermine* et le *vair*.

L'*hermine*. Fig. 24.

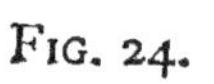

Fig. 24.

Vair. Fig. 25.

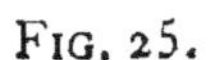

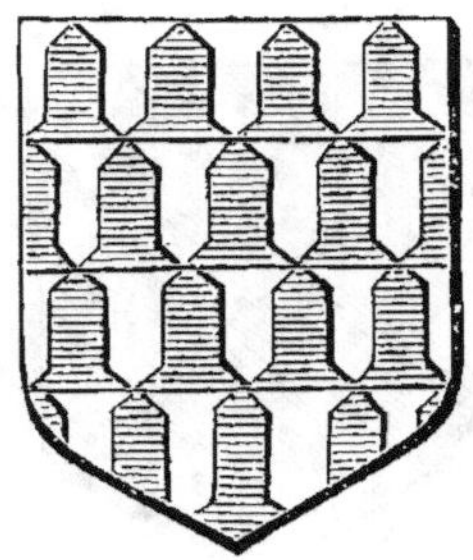

Fig. 25.

Le *contre-vair*, se forme en opposant par les pointes et par les bases du même émail. Fig. 26.

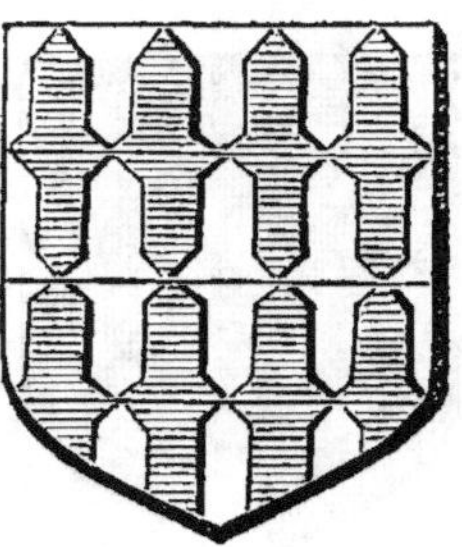

Fig. 26.

Le *contre-hermine* et champ de sable moucheture d'argent. Fig. 27.

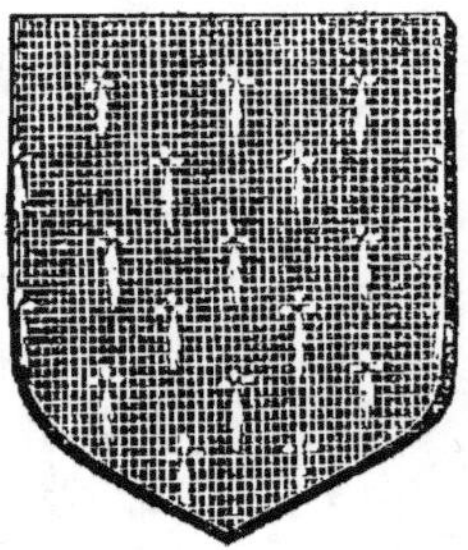

Fig. 27.

Il faut bien faire attention que la droite de l'écu est à gauche en le regardant.

LES PIÈCES HÉRALDIQUES DE PREMIER ORDRE OU HONORA-
BLES sont au nombre de douze.

Le *chef*. Fig. 28.

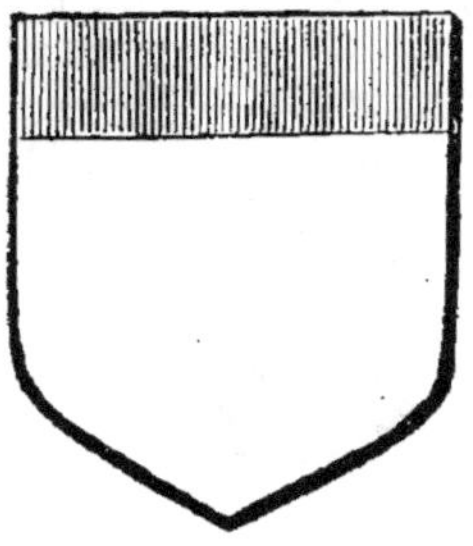

FIG. 28.

Le *pal*. Fig. 29.

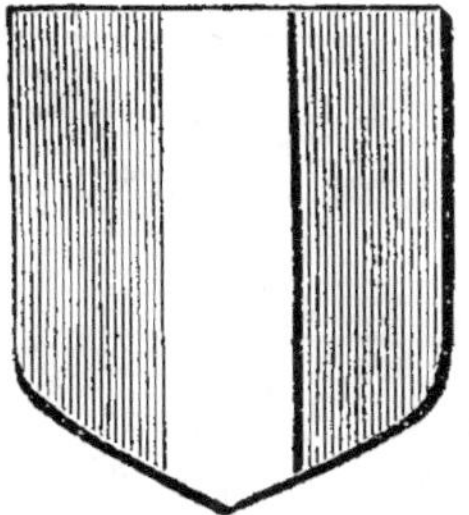

FIG. 29.

La *fasce*. Fig. 3o.

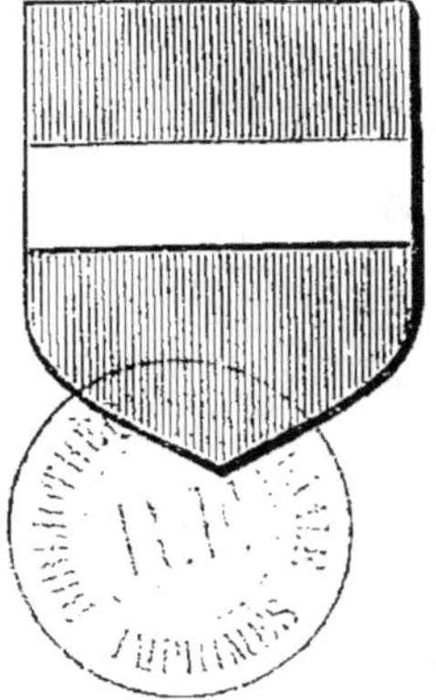

FIG. 3o.

2.

La *bande*. Fig. 31.

Fig. 31.

La *barre*. Fig. 32.

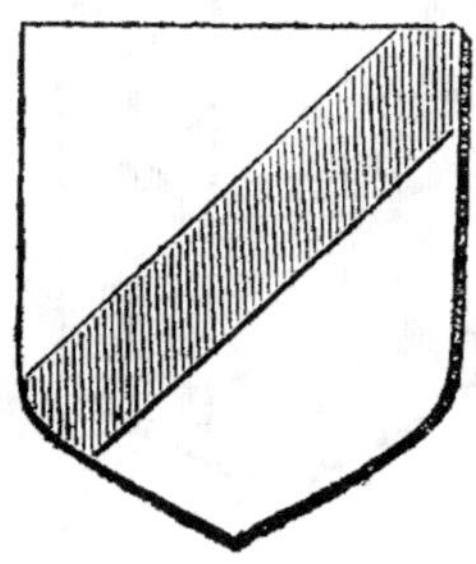

Fig. 32.

La *croix*. Fig. 33.

Fig. 33.

Le *sautoir*. Fig. 34.

FIG. 34.

Le *chevron*. Fig. 35.

FIG. 35.

La *bordure*. Fig. 36.

FIG. 36.

Le *franc-quartier*. Fig. 37.

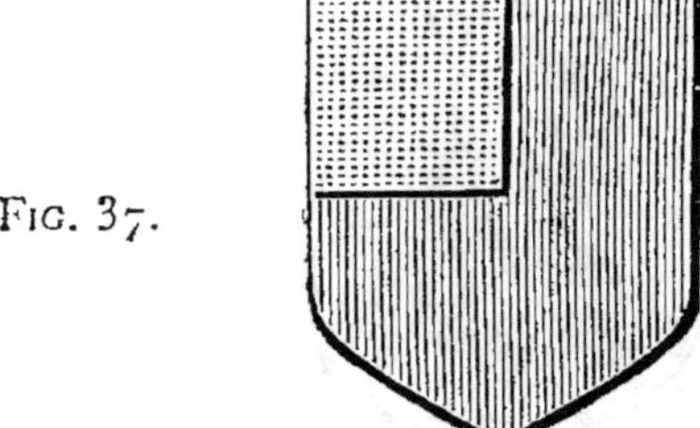

Fig. 37.

L'*écu en cœur*. Fig. 38.

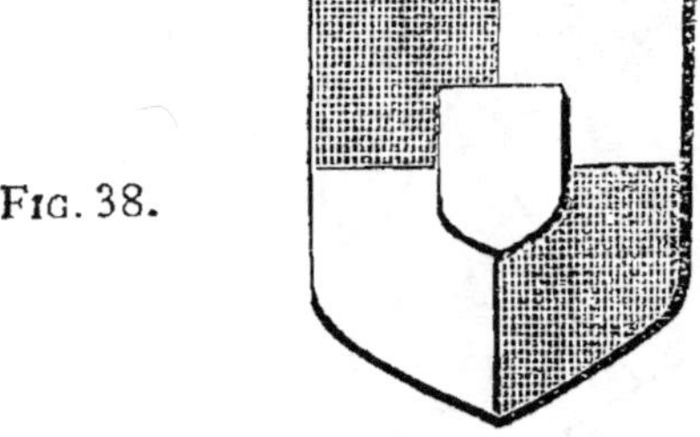

Fig. 38.

La *champagne*. Fig. 39.

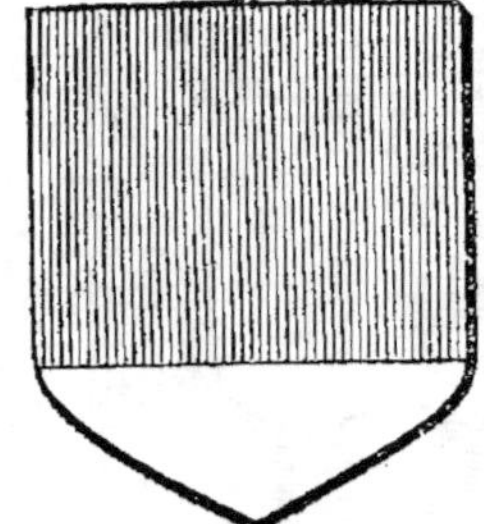

Fig. 39.

Ces pièces héraldiques se répétant, elles font *fascé*, *palé*, *bandé*, *barré*, *chevronné*, *vairé*, *losangé*, etc., etc.

LES PIÈCES HÉRALDIQUES DE SECOND ORDRE

s'élèvent à huit ;

Le *pairle*. Fig. 40.

FIG. 40.

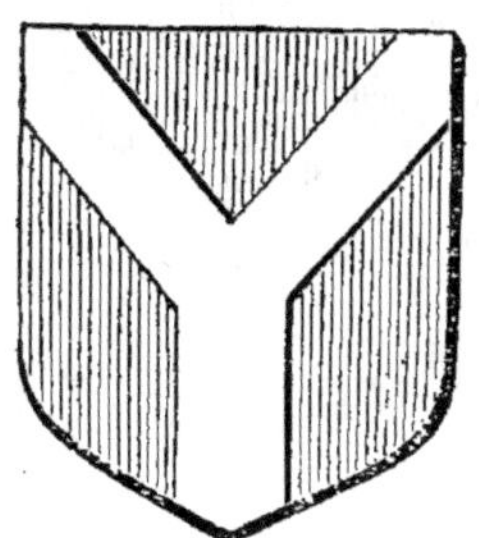

Le *canton*. Fig. 41.

FIG. 41.

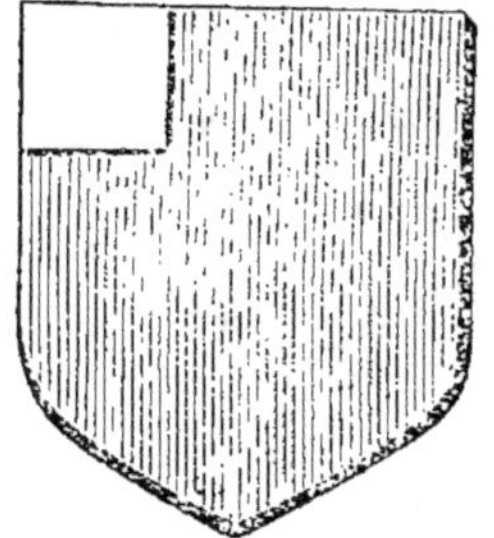

Le *giron*. Fig. 42.

FIG. 42.

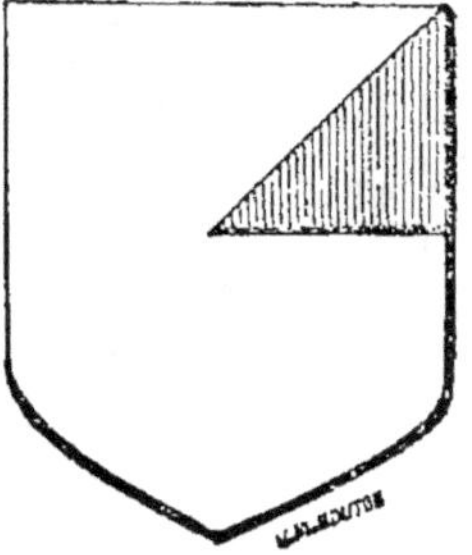

L'*orle*. Fig. 43.

Fig. 43.

La *pointe*. Fig. 44.

Fig. 44.

Le *trèscheur*. Fig. 45.

Fig. 45.

Le *lambel.* Fig. 46.

Fig. 46.

La *pile.* Fig. 47.

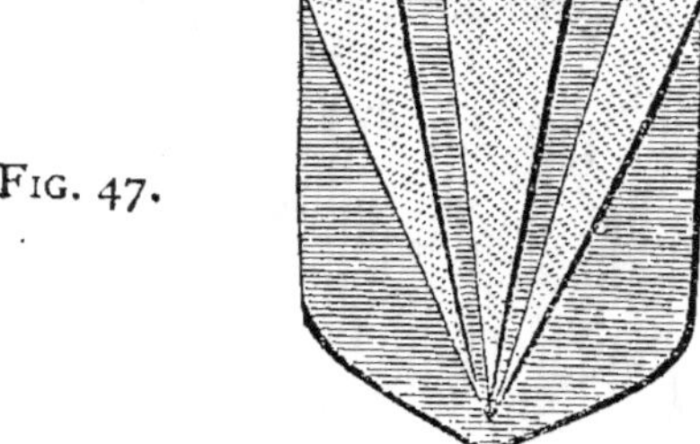

Fig. 47.

Les figures du troisième ordre sont rondes ou carrées auxquelles on a donné des noms particuliers, elles sont d'un nombre considérable.

Les figures carrées sont le *hiéroglyphe de l'homme de bien*.

Les figures rondes rappellent le *souvenir*, soit de munitions ou de la rançon, ou de la prise de convois de ravitaillement des armées enlevés à l'ennemi.

En blasonnant on verra les figures employées pour couvrir l'écu.

ANGULLOS : d'or à 5 tourteaux, besants partis de sinople posés en sautoir. Fig. 48.

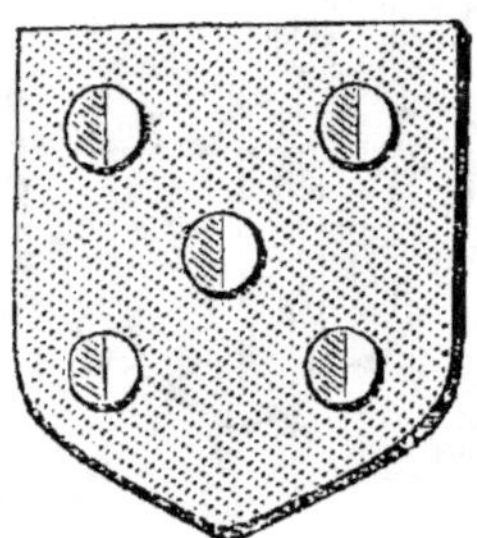

Fig. 48.

HUNOLSTEIN : d'argent à deux fasces de gueules accompagnées de 12 billettes de même, 5, 4, 3. Fig. 49.

Fig. 49.

MOLLART : de gueules à 3 losanges d'or. Fig. 50.

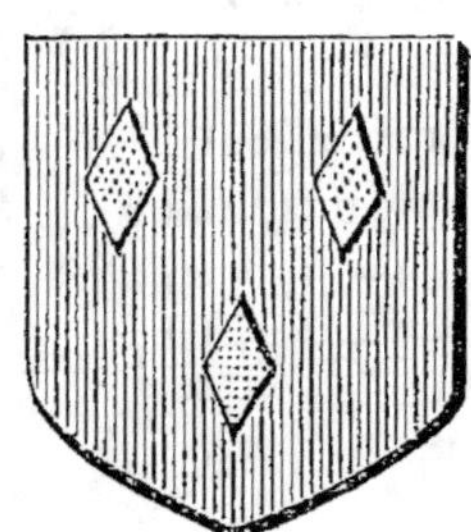

Fig. 50.

AYMON DE MONTÉPIN : d'azur au besant d'or.
Fig. 51.

FIG. 51.

DE SAINTE-BEUVE : d'azur à 3 annelets d'argent.
Fig. 52.

FIG. 52.

TURPIN : de Crissé (d'Anjou). Losangé d'argent et de
gueules. Fig. 53.

FIG. 53.

DES CROIX.

Différents écrivains sur l'art héraldique décrivent une variété de Croix, leur origine remonte aux expéditions en Terre Sainte. Les seigneurs, les soldats qui y ont participé, portaient chacun une croix pour se distinguer des autres ; il fallut faire un changement ce qui nous donna les formes les plus bizarres de l'imagination des hommes.

Nous en donnons quelques-unes pour servir d'exemples.

ROUSSET : de gueules, à la croix d'argent, au pied fiché. Fig. 54.

FIG. 54.

HOSTIN : de gueules, à la croix engrelée d'or. Fig. 55.

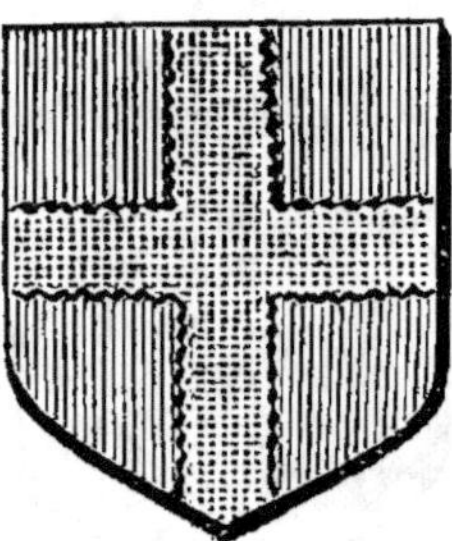

FIG. 55.

ENTADES: de gueules, à la croix entée en rond d'argent et de sable Fig. 56.

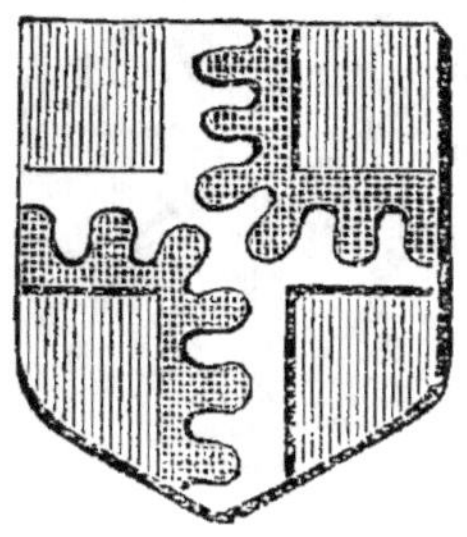

FIG. 56.

LAURENCE : d'argent, à la croix écotée de gueules. Fig. 57.

FIG. 57.

DES ECURES : de sinople, à la croix ancrée d'argent chargée en cœur d'une étoile de sable. Fig. 58.

FIG. 58.

CHALOT : d'or, à une croix pattée de gueules cantonnée de 4 lions couronnés de même. Fig. 59.

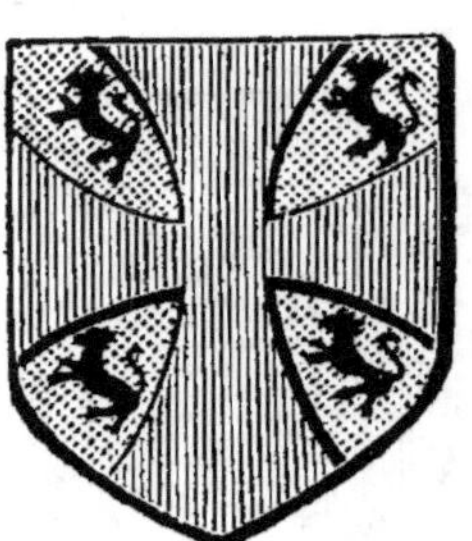

Fig. 59.

Les pièces héraldiques diminuées, sont au nombre de douze, elles se nomment : Le *Comble,* la *Vergette,* la *Devise,* les *Burèles,* les *Jumelles,* les *Tierces,* le *Filet,* le *Flanchi,* l'*Etai,* la *Cotice,* le *Bâton,* la *Plaine.*

Le *Chef* diminué est le *comble* il est le neuvième de l'*Ecu.* La *Vergette* est le tiers du *Pal.* La *Devise* est le tiers de la *Fasce.* Les *Burèles, Fasce* répétée au nombre de 10 au plus. Les *Jumelles,* le tiers diminué de la *Fasce* posées deux à deux. Les *Tierces* sont de trois à trois. Le *Filet,* c'est une bordure. Le *Flanchi* c'est le *Sautoir* diminué de sa largeur. L'*Etai,* c'est le *chevron* diminué de deux tiers de sa largeur. La *Cotice* c'est la *Bande* ou la *Barre* réduite aux deux tiers. Le *Bâton* est un tiers moins large que la *Bande.* La *Plaine,* c'est la *Champagne* diminuée au tiers de son épaisseur.

Il y a trois sortes de figures, les *naturelles,* les *artificielles* et les *chimériques.* Les figures *naturelles* sont les hommes, les animaux, les plantes, les astres, enfin ce qui existe et appartient à la création, leur usage est très-répandu en blason.

Voici quelques figures pour servir d'exemple.

METTERNICH : d'argent, à trois coquilles de sable Fig. 60.

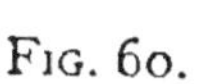

Fig. 60.

St-PAUL : d'azur, au paon rouant d'argent. Fig. 61

Fig. 61.

COLBERT : d'or, à la couleuvre d'azur posée en pal. Fig. 62.

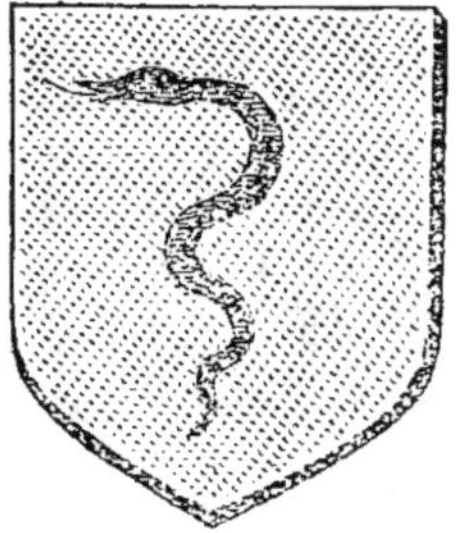

Fig. 62.

3.

HUGO : en (Lorraine), d'azur, au chef d'argent, chargé de 2 merlettes de sable. Fig. 63.

FIG. 63.

CHATEAUNEUF : d'or, à une étoile à 8 raies de gueules. Fig. 64.

FIG. 64.

ROMIEU : d'or, à une bouge de pélerin d'azur, houpée de même, chargée d'une coquille d'argent. Fig. 65.

FIG. 65.

ALBERSDORF : d'argent, à 1 tête et col de coq, arraché et contourné de gueules. Fig. 66.

FIG. 66.

CORDES : d'or, à 2 lions adossés de gueules. Fig. 67

FIG. 67.

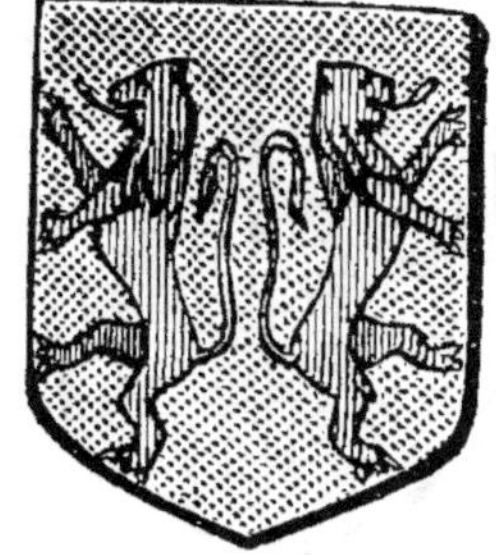

LINGENDES : famille illustre en personnes éloquentes et spirituelles, d'azur à 3 glands versés, d'or. Fig. 68.

FIG. 68.

WISSEL : d'argent, au vol de sable. Fig. 69

FIG. 69.

CAMBOY : d'argent, à une hure de sanglier de sable. Fig. 70.

FIG. 70.

ALAMARTINE : de gueules, à 2 fasces d'or et 1 trèfle de même entre les fasces. Fig. 71.

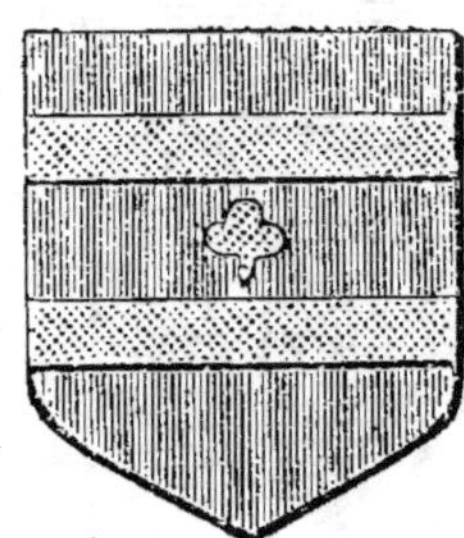

FIG. 71.

SERVIENT : d'azur, à 3 bandes d'or, au chef cousu du premier, au lion naissant du second. Fig. 72.

FIG. 72.

DE REFUGE : d'argent, à 2 fasces de gueules et 2 guivre d'azur, tortillées et affrontées en pal, brochant sur le tout. Fig. 73.

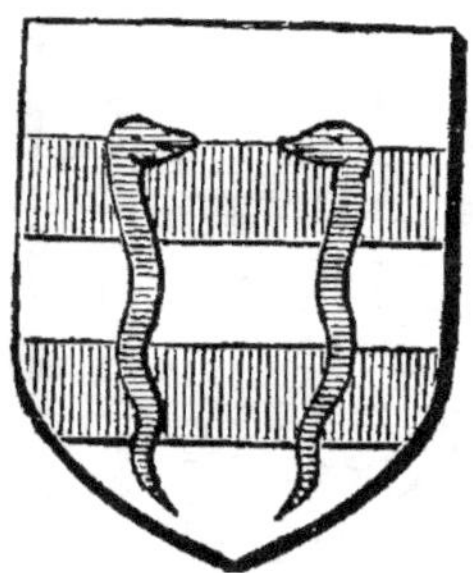

FIG. 73.

VERMONT : de gueules, à 3 demi vols d'argent Fig. 74.

FIG. 74.

RACHAIS DE VARNATEL : d'azur, à la bande d'or, chargée d'un lion de gueules. Fig. 75.

FIG. 75.

JOUFFREY : d'azur, au croissant d'argent, au chef de même, chargé de 3 molettes de sable. Fig. 76.

FIG. 76.

BOFFIN : d'or, au bœuf de gueules, au chef d'azur, chargé de trois potences de calvaire d'or. Fig. 77.

FIG. 77.

ANTIGNATE-COURLON : en Champagne, originaire d'Italie. D'azur, au lion d'argent, armé, et lampassé d'or, soutenant de la patte droite une fleur-de-lys de même, par concessions : brisé de 2 bâtons de gueules, l'un brochant en bande sur la crinière, et l'autre sur la cuisse droite. Fig. 78.

Fig. 78.

NICOLAI : d'azur, au lévrier d'argent, accollé et bouclé d'or. Fig. 79.

Fig. 79.

Les figures *artificielles* sont celles que la main de l'homme a créées dans son génie (exemple) :

FLOTE : losangé d'argent et de gueules, au chef d'or.
Fig. 80.

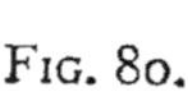

FIG. 80.

GIRAR St-PAUL : d'azur, à la bande échiquetée d'argent et de sable de 3 traits. Fig. 81.

FIG. 81.

RENTY : d'argent à 3 douloires de gueules mises en gironnant c'est-à-dire qu'elles regardent les angles de l'écu. Fig. 82.

FIG. 82.

LACOUR MORUILLIERS : d'azur, au pal d'argent, chargé de 3 chevrons versés de sable. Fig. 83.

Fig. 83.

DUMAINE : de gueules à la fleur de lys d'or au chef d'argent. Fig. 84.

Fig. 84.

ABOIN : fascé, contre fascé d'or et d'azur 11 pièces, parti d'or à 5 fasces ondées d'azur. Fig. 85.

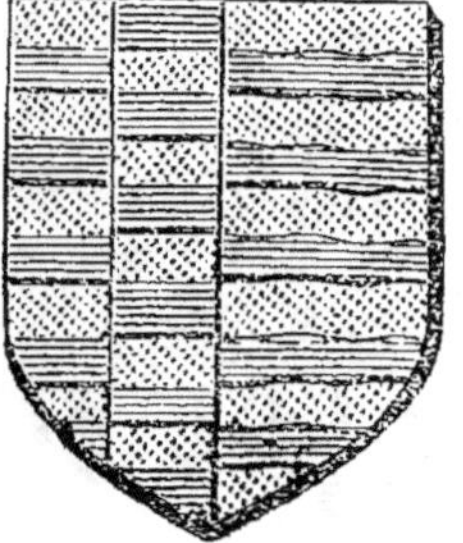

Fig. 85.

QUIQUERAN : écartelé, emmanché, d'or et d'azur
Fig, 86.

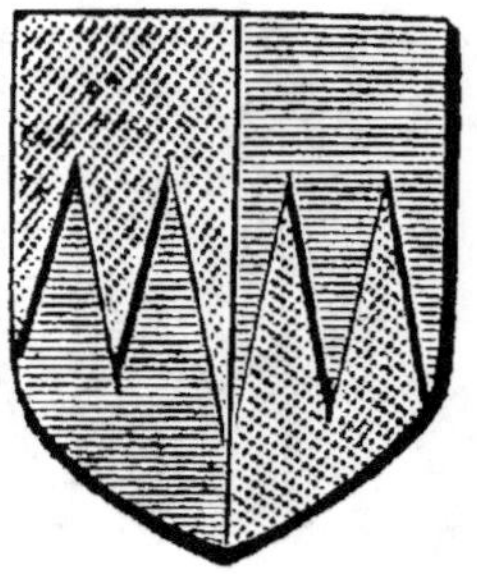
Fig. 86.

BOUTON DE CHAMILLY : en (*Bourgogne*) de gueules à la fasce d'or. Fig. 87.

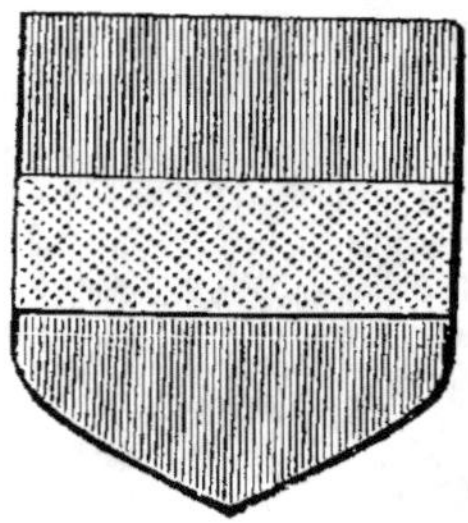
Fig. 87

POMPADOUR : d'azur, à 3 tours d'argent. Fig. 88

Fig. 88.

DORNE : d'argent, à 5 annelets de gueules, posés en
sautoir. Fig. 89.

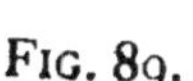

FIG. 89.

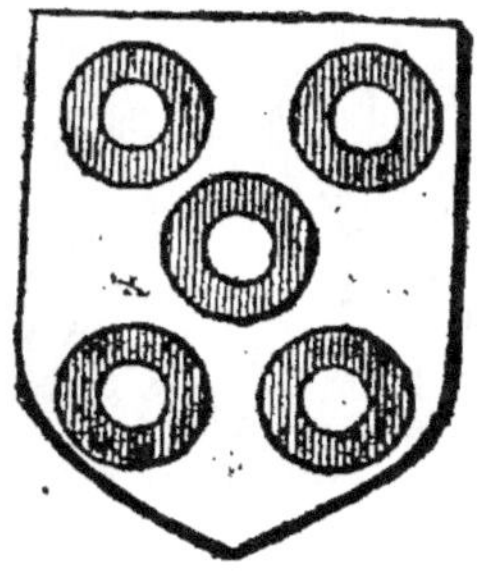

BOURBOURG : d'azur, à 3 tierces d'or. Fig. 90

FIG. 90.

RUBEMPRÉ : d'or, à 3 jumelles de gueules.
Fig. 91.

FIG. 91.

DUBEC : fuselé d'argent et de gueules. Fig. 92.

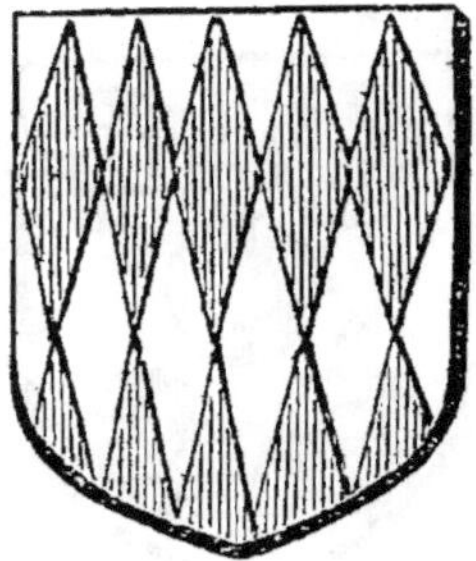

Fig. 92.

TURENNE : coticé d'argent et de gueules. Fig. 93.

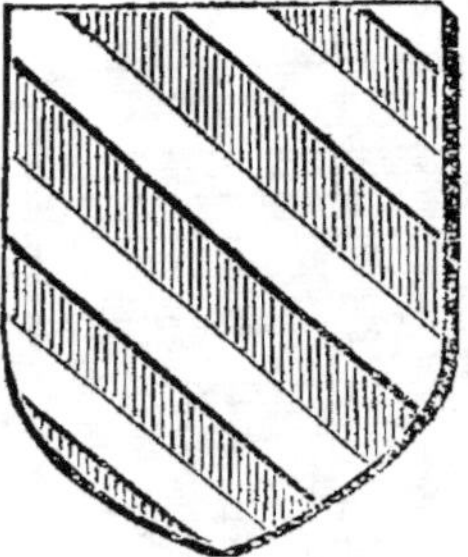

Fig. 93.

CLEREMBAUT : burèlé d'argent et de sable. Fig. 94.

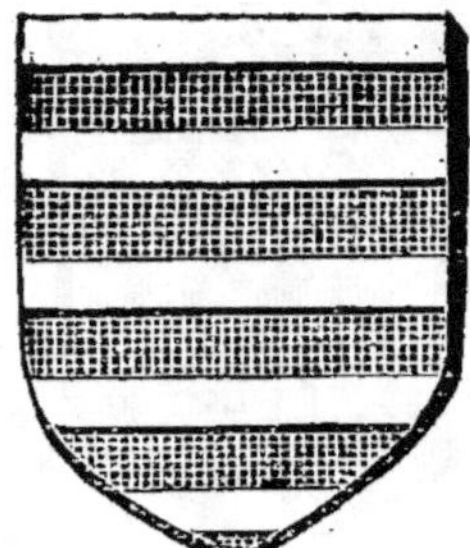

Fig. 94.

SCHESENAYE : de gueules, à 3 rustres d'argent.
Fig. 95.

FIG. 95.

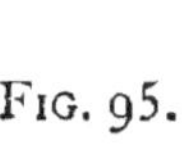
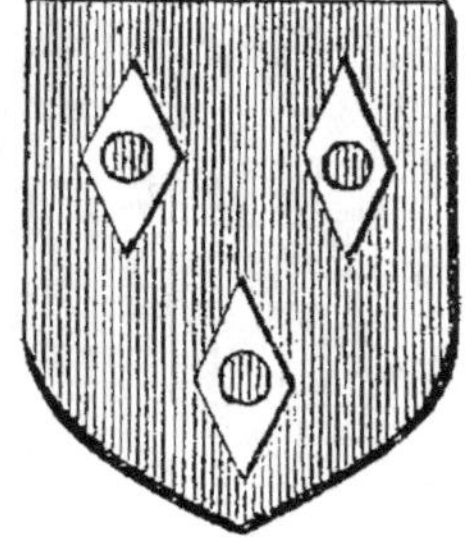

HUMIÈRES : d'argent, fretté de sable. Fig. 96.

FIG. 96.

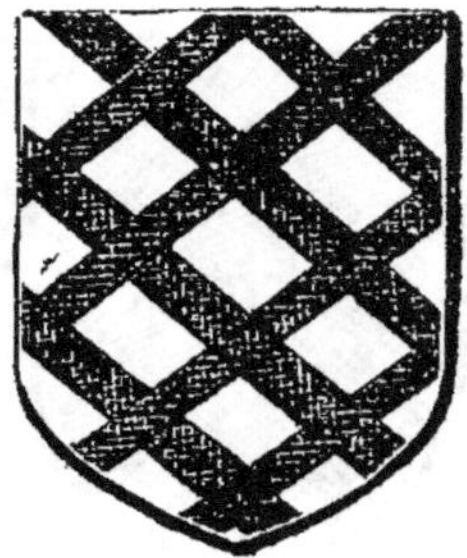

VIOLLE : de sable, à 3 chevrons brisés d'or. Fig. 97.

FIG. 97.

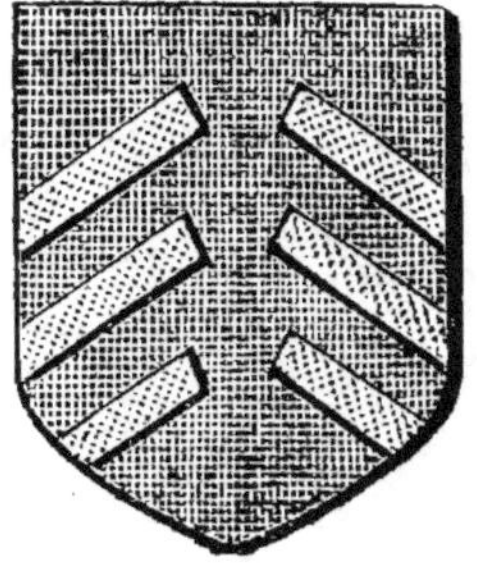

SCINDEL : de gueules à 3 billettes d'or, mises en pairle. Fig. 98.

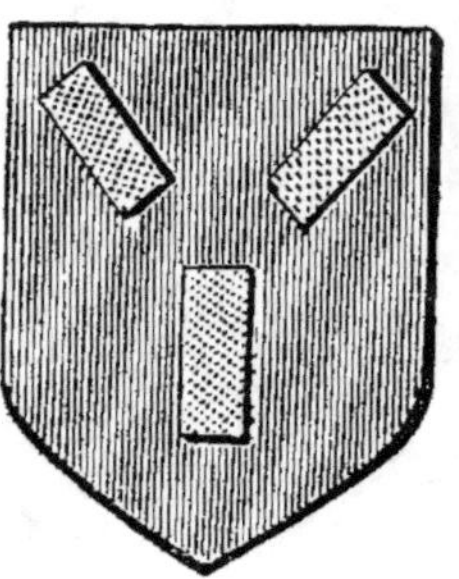

FIG. 98.

DE PORTES : d'or, à une bande de sinople, chargée de 3 croisettes d'argent. Fig. 99.

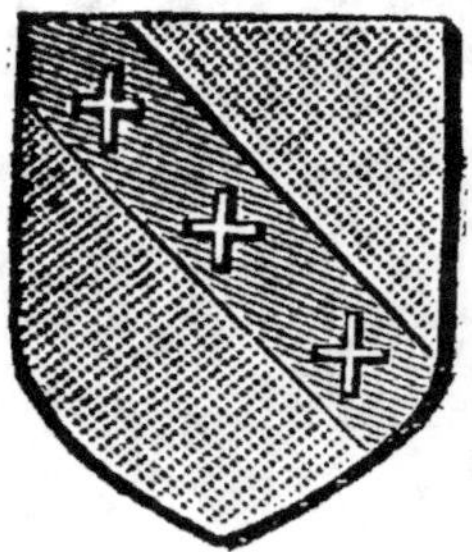

FIG. 99.

ROCHETTE : d'azur, à 3 rocs d'or. Fig. 100.

FIG. 100.

MONCAUREL : de gueules, à 3 macles d'or. Fig. 101.

Fig. 101.

MÉDICIS : d'or, à 1 tourteau besant de France, et 5 autres de gueules, disposés en orle, celui de France en chef. Fig. 102.

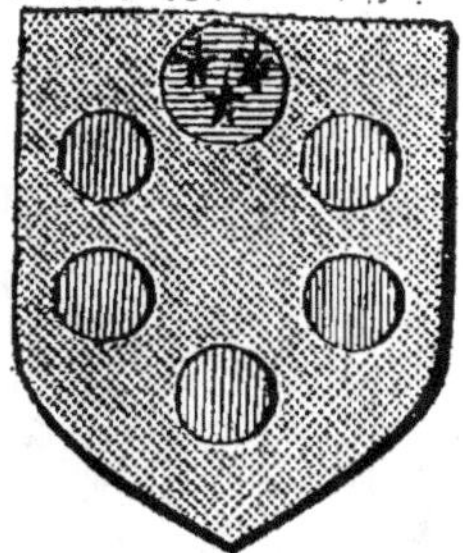

Fig. 102.

Les figures *chimériques*, sont l'imagination fantasti que et les sujets tirés de la mythologie comme les centaures, harpies, hydres, chimères, etc. Exemple.

DE HOF : de gueules, au lion mariné d'argent. Fig. 103.

Fig. 103.

CAMOENS : d'azur à un Amphiptère d'or, essorant entre 2 montagnes d'argent. Fig. 104.

Fig. 104.

MONTDRAGON : de gueules, au dragon monstrueux d'or ayant tête humaine et barbe serpentaux. Fig. 105.

Fig. 105.

CRIS D'ARMES.

Les cris d'armes ou de guerre étaient souvent le nom d'un château ou d'une ville, ou bien encore la légende écrite sur les bannières, que l'on criait pour livrer combat, pour rallier les troupes ou se reconnaître dans la mêlée, souvent aussi pour ranimer le courage. Beaucoup de gentils hommes criaient leur nom de famille, ceux qui portaient croix en Lorraine criaient : *Preny*.

D'autres qui portaient bandes criaient : *Couvert*.

LA DEVISE.

Le mot devise comprend les sentences et les proverbes.
François 1ᵉʳ avec ces mots ; *Nutria et extingua* signific qu'il protège les bons et extermine les méchants.

La devise n'est qu'un ornement accessoire des armoiries introduit par les tournois et demeuré depuis en blason.

HEAUME ET COURONNEMENT
DE L'ÉCU.

Le HEAUME, est le casque qu'on met sur l'écu, il était le protecteur de la tête, de l'intelligence et de la ruse.

On timbre ceux des souverains ouverts, c'est-à-dire la visière entièrement ouverte, et on les place de front : ceux des Princes et des Ducs la visière levée à demie. Les Marquis onze grilles, neuf à ceux des Comtes, Vidames et Vicomtes, sept aux Barons, cinq aux chevaliers un peu tourné, trois aux simples gentils-hommes de race, et mis en profil, fermé et sans grilles aux nouveaux anoblis, et contourné aux batards.

Les simples Gentils-Hommes mettent sur le casque un tour de livrée des émaux de l'écu, qu'on nomme BOURLET, etc.

Des couronnes : en voici les figures.

ROI. 

DAUPHIN. 

PRINCE. 

DUC. 

MARQUIS. 

COMTE. 

VICOMTE. 

VIDAME. 

BARON. 

CHEVALIER. 

MANTELETS, LAMBREQUINS, ET BOURLETS.

Le MANTELET est une pièce d'étoffe posée sur le heaume pour empêcher l'ardeur du soleil de chauffer l'acier et il couvre entièrement les épaules.

Le LAMBREQUIN, est l'ornement du heaume et de l'écu, il doit être des mêmes émaux ou métaux que le champ de l'écu, sa forme est semblable à des feuilles d'acanthe.

Le CIMIER, est la pièce qui se met sur le sommet du casque pour paraître plus redoutable à l'ennemi ; les guerriers plaçaient des figures chimériques, des sirènes, de plumes de paon, de héron, d'animaux de vol, d'oiseaux, il servait aussi à reconnaître les héros.

LES SUPPORTS.

Les SUPPORTS sont toutes sortes d'animaux qui sup-
portent l'écu.

Les TENANTS, sont les figures des anges, des hommes,
qui tiennent l'écu; ne pas confondre les supports avec
les tenants.

DICTIONNAIRE

ABRÉGÉ

DES TERMES DU BLASON

AᴮᴬISSÉE, se dit des pièces qui sont au-dessous de leurs positions ordinaires, le chef qui occupe le haut de l'écu peut être abaissé sous un autre chef, ainsi les commandeurs et chevaliers de l'ordre de St-Jean de Jérusalem, qui ont des chefs les abaissent sous celui de leur Religion.

La fasce peut aussi être abaissée quand on la place plus bas que le tiers du milieu de l'écu qu'elle occupe ordinairement.

Le vol et les aîles des oiseaux peuvent aussi être abaissés, au lieu d'être élevés vers le chef de l'écu, ils descendent vers la pointe.

Aʙɪᴍᴇ, une pièce est posée en abîme ou en cœur quand elle occupe le milieu de l'écu.

AʙᴏᴜᴛÉ, se dit de quatre hermines dont les bouts se joignent en croix.

AᴄᴄᴏʟÉ, se prend en blason en quatre sens différents, pour deux choses attenantes et jointes ensemble. Ainsi les Ecus de France et de Navarre, sont accollés sous une même couronne, pour les armoiries de nos rois. Les femmes accolent leurs écus à ceux de leurs maris. Les fusées, les losanges, et les macles sont accollées quand

5

elles se touchent de leurs flancs ou de leurs pointes, sans remplir tout l'écu.

Accompagné, se dit de quelques pièces honorables quand elles en ont d'autres en séantes partitions. Ainsi, la Croix se dit accompagnée de quatre étoiles, de quatre coquilles, de seize alerions, de vingt billettes, et quand ces choses sont également disposées dans les quatre cantons qu'elle laisse vides dans l'écu. Le Chevron peut être accompagné de trois croissants, deux en chef et un en pointe, de trois roses, de trois clous, de trois besants, etc., etc. La Fasce peut être accompagnée de deux losanges, deux molettes, deux croisettes, etc., etc. L'une en chef, l'autre en pointe, ou de quatre tourteaux, quatre aiglettes, etc. Deux en chef et deux en pointe. Le Pairle peut être accompagné de trois pièces semblables, une en chef, deux en flancs, le sautoir de quatre, une en chef, une en pointe, deux aux flancs.

On dit de même des pièces mises dans le sens de celles-là, comme deux clefs en sautoir, trois poissons mis en pairle, etc., etc.

Accorné, se dit de tous les animaux qui ont cornes, quand elles sont d'autres couleurs que l'animal.

Accosté, se dit de toutes les pièces de longueur, mises en pal ou en bande, quand elles en ont d'autres à leurs côtés. Ainsi le Pal, peut être accosté de deux, de quatre ou de six annelets, trois d'un côté et trois de l'autre, de même un arbre, une lance, une pique, une épée, etc., etc. On dit de même de la Bande, quand les pièces qui sont à ses côtés, suivent le même sens qu'elle. Ainsi on la dira accostée de 2, de 4, et de six billettes, quand elles seront couchées dans le même sens, trois d'un côté et trois d'un autre, suivant l'étendue de la bande.

Quand elles sont droites, on nomme alors la bande

accompagnée de 2, 4, ou 6, fleurs de lys, dont il faut énoncer la situation, particulièrement, quand il y en a six, parce qu'elles peuvent être mises en orle. Quand ce sont deux pièces rondes, comme tourteaux, besants, roses, annelets, on peut se servir indifféremment du terme *accosté* ou *accompagné*.

ACCROUPI, se dit du lion, quand il est assis, comme celui de la ville d'Arles et celui de Venise. On dit de même de tous animaux qui ont cette posture.

ACCULÉ se dit d'un cheval cabré, quand il est sur cul en arrière, et de deux canons opposés sur leurs affûts, comme les deux que le grand maître de l'artillerie, met au bas de ses armoiries, pour marque de sa dignité.

ADDEXTRÉ, se dit des pièces qui en ont d'autres à leur droite, comme un pal, qui n'aurait qu'un lion sur le flanc droit, serait dit addextré de ce lion.

ADDOSSÉ, se dit de deux animaux qui sont rampant, les dos tournés, comme deux lions, et deux clefs, sont aussi dites addossées, quand leurs pannetons sont tournés, en dehors, l'un d'un côté, l'autre de l'autre, de même deux faux, et généralement tout ce qui est de longueur et qui a deux faces différentes, comme les haches, les douloires, les marteaux, etc., etc.

AFFRONTÉ, est le contraire d'addossé, et se dit de deux choses qui sont opposées de front, comme de deux lions ou deux autres animaux.

AFFUTÉ, se dit du canon qui n'est pas du même émail que son affût.

AIGUISÉ, se dit de toutes les pièces, dont les extrémités peuvent être aiguës comme le pal, la fasce, la croix, le sautoir.

AJOURÉ, se prend pour une ouverture du chef, de quelque forme qu'elle soit, ronde, carrée, en croissant: il se dit encore des jours d'une tour, et d'une maison, quand ils sont d'autre couleur.

AJUSTÉ, se dit d'une flèche posée sur la corde de l'arc.

AILÉ, se dit de toutes les pièces qui ont des ailes contre nature, comme un cerf ailé, un lion ailé, un cœur ailé, et des animaux volatiles dont les ailes sont d'autres couleurs que le corps.

ALEZÉ, se dit des pièces honorables, retraites de toutes les extrémités, comme un chef, une fasce, une bande qui ne touchent pas les deux bords, ou les deux flancs de l'écu, sont pièces *alezées*. De même la croix, le sautoir, qui ne touchent pas les bords de leurs quatre extrémités.

ALLUMÉ, se dit des yeux des animaux quand ils sont d'autre couleur, et d'un bucher ardent. On dit de même d'un flambeau, dont la flamme est d'autre couleur.

ANCHÉ, se dit seulement d'un cimeterre recourbé.

ANILLÉ, se dit des croix et sautoir dont le milieu est percé ou laisse un vide.

ANGLÉ, se dit de la croix et du sautoir, quand il y a des figures longues à pointes, qui sont mouvantes de ces angles.

ANIMÉ, se dit de la tête d'un cheval, et de ses yeux quand ils paraissent avoir de l'action.

ANTIQUE, se dit des couronnes à pointes de rayons, des coiffures anciennes, grecques ou romaines, parce que ces choses sont antiques. Ainsi on dit des bustes des rois couronnés à l'antique, des têtes coiffées à l'antique. On peut dire de même des vêtements, des bâtiments, des niches gothiques, qui sont dans certaines armoiries.

APPAUMÉ, se dit de la main ouverte dont on voit l'intérieur qui est la paume.

APPOINTÉ, se dit de deux choses, qui se touchent par

les pointes, comme deux chevrons peuvent être appointés, trois épées mises en pairle peuvent être appointées en cœur, trois flèches de même, etc., etc.

ARDENT, se dit d'un charbon allumé.

ARMÉ, se dit des ongles des lions, des griffons, des aigles, etc., etc., des flèches, dont les pointes sont d'autre couleur. Il se dit aussi d'un soldat, d'un cavalier.

ARRACHÉ, se dit des arbres et autres plantes, qui ont des racines qui paraissent, et des têtes et membres d'animaux, qui ont divers lambeaux arrachés avec force.

ARRÊTÉ, se dit d'un animal qui a ses quatre pieds sans que l'un avance devant l'autre.

ARRONDI, se dit des boules pour distinguer les tourteaux des besants, et les troncs d'arbres.

ASSIS, se dit de tous les animaux domestiques, qui sont sur leur derrière, comme les chiens, chats, écureuils, etc., etc.

AUGMENTATION, marques d'honneur ajoutées à l'écusson.

AVANT-MUR, pan de muraille jointe à une tour.

AZUR, est la couleur bleue que les Orientaux nomment *lazul*.

B.

BADELAIRES, sont des épées, courtes, larges et recourbées comme celles des armoiries de Courte-Jambe.

BAILLONNÉ, se dit des animaux avec bâton entre les dents.

BANDE, est une pièce honorable qui occupe diagonalement le tiers de l'écu par le milieu de droite à gauche.

BANDÉ, se dit de l'écu couvert de bandes.

BARBÉ, se dit des coqs, et des dauphins, quand leur barbe est d'un autre émail.

Bardé, se dit d'un cheval paré.

Barre, occupe l'autre milieu de gauche à droite.

Barré, se dit de l'écu couvert de barres.

Bars, sont des barbeaux, poissons que l'on représente en armoiries courbés et adossés quand il y en a deux.

Bastillé, se dit des pièces qui ont des creneaux renversés qui regardent la pointe de l'écu.

Bataillé, se dit d'une cloche qui a le battant d'autre émail qu'elle n'est.

Baton, est le tiers d'une bande mis dans le même sens; on ne le nomme bâton que quand il est à brisure.

Bequé, se dit des oiseaux dont le bec est d'autre émail.

Besanté, se dit d'une pièce chargée de besants comme une bordure besantée.

Besants, sont des monnaies d'argent sans marque, qui du nom de la ville de Byzance ont eu le nom de besants.

Bigarré, se dit du papillon et de tout ce qui a diverses couleurs.

Billetté, se dit de l'écu couvert de billettes.

Billettes, sont des billets carrés longs, fort usités en armoiries.

Bisse, est un serpent, et vient de l'italien *biscia*.

Bordé, se dit des croix de bandes qui ont des bords de différents émaux.

Bouclé, se dit du collier qui a des boucles.

Bourdonné, se dit d'une croix, dont les branches sont tournées et arrondies en bourdons de pélerins.

Boutonné, se dit du milieu des roses et des autres fleurs, quand il est d'autre couleur que la fleur : il se dit aussi des rosiers en boutons.

Bouterolle, est le bout d'un fourreau d'un Badelaire

ou cimeterre, et comme on a dit autrefois, Dague à Roelle, on a dit aussi Bout à Roelle, dont est venu le terme de Bouterolle.

BORDURE, pièce honorable qui prend les bords de l'écu en forme de ceinture selon le sens de l'écu.

BRETESSÉ, se dit des pièces crenelées, de bas en haut.

BRISÉ, se dit des armoiries des puînés et cadets d'une famille qui sert pour la distinction des branches.

BRIS, est une de ces longues happes de fer à queue pattée, dont on se sert pour soutenir les portes sur leurs pivots et pour les faire rouler sur leurs gonds, et parce que la plupart des portes et des fenêtres sont brisées en deux par le moyen de deux de ces happes dont les bouts, entrent l'un dans l'autre en pivot, on les nomme Bris. Il y en a dans les armoiries des Pays-Bas et d'Allemagne ; les vieux blasonneurs le nomment *Bris d'huis.*

BROCHANT, se dit des pièces qui passent d'autres.

BROYS, sont les instruments dont on se sert à rompre le chanvre pour le tailler plus aisément. Les Anglais le nomment *Barnocles.* La maison de Broye, les a portés par allusion à son nom, et celle de Toinville y ajouta un chef avec un lion naissant.

BURÈLÉ, se dit jusque au nombre de dix, douze.

BUSTE, est l'image d'une tête avec la poitrine. Plusieurs villes ont des bustes de saints pour leurs armoiries comme Limoges celui de St-Martial son patron.

BUTES, sont les fers dont les maréchaux se servent pour couper la corne du pied des chevaux. La maison de Savoie Butte en porte trois en poignée.

C.

Cablé, se dit d'une croix, faites de cordes ou de cables tortillés.

Cabré, se dit d'un cheval acculé.

Canelé, se dit de l'engrelure, dont les pointes sont en dedans et les dos en dehors comme les canelures des colonnes en architecture.

Canettes, sont des cannes sans becs et sans pieds comme les Alerions et les Merlettes.

Canton, est une partie carrée de l'écu un peu plus petite que le quartier, les espaces que laissent les croix et les sautoirs , sont aussi nommés cantons.

Cantonné, se dit des pièces qui sont aux quatre coins de l'écu.

Carnation, se dit de toutes les parties du corps humain.

Ceintré, se dit du globe ou d'un cercle, ou demi cercle en forme de ceinture.

Cercle, se dit d'un tonneau.

Champagne, est l'espace en bas d'un tiers de l'écu, elle est rare en armoirie, en Espagne la maison de Luna en porte une.

Chappé, se dit de l'écu, qui s'ouvre en chapeau, depuis le milieu du chef.

Chaperonné, se dit des éperviers.

Chargé se dit de toutes les pièces sur lesquelles il y en a d'autres.

Chatelé, se dit d'une bordure, et d'un lambel, chargé de huit ou neuf châteaux.

Chaussé, est l'opposé de chappé.

Chaussetrappe, est un fer à quatre pointes disposées en

triangle, tellement que de quelque côté qu'elle soit tournée, elle est toujours assise sur trois de ses pointes et la quatrième est dressée. Les anciens en semaient sur les chemins pour empêcher le passage de la cavalerie.

CHEF, est une pièce honorable qui occupe le tiers le plus haut de l'écu.

CHEVELÉ, se dit d'une tête, dont les cheveux sont d'autre émail que la tête.

CHEVILLÉ, se dit des ramures d'une corne de cerf.

CHEVRONNÉ, se dit d'un pal ou autres pièces chargées de chevrons et de l'écu quand il en est rempli.

CLANINE, se dit d'un animal, qui a des sonnettes.

CLECHÉ, se dit des arrondissements de la croix dont les quatre extrémités sont faites, comme les anneaux des clefs.

CLOUÉ, se dit d'un collier de chiens, et des fers à cheval lorsque les clous paraissent d'autre émail.

COLLETÉ, se dit des animaux qui ont collier.

COMPONÉ, se dit des bordures, paux, bandes, fasces, etc., et sont composées de pièces carrées d'émaux alternés.

CONTOURNÉ, se dit d'animaux tournés vers la gauche de l'écu.

CONTREBANDÉ, CONTREBARRÉ, CONTREBRETESSÉ, CONTRECARTELÉ, CONTREFASCÉ, CONTREFLEURÉ, CONTREPALÉ, CONTREPOTENCÉ, CONTREVAIRÉ, CONTREHERMINE, se dit des pièces quand elles sont opposées.

CONTREPASSANT, se dit des animaux dont l'un passe d'un côté, l'autre d'un autre.

COQUERELLES, sont les bourses de l'Alkakenque qui est un *solanum*.

CORDÉ, se dit d'instruments de musique, quand leurs cordes sont de différent émail.

Cotice, bande diminuée des deux tiers.

Coticé, se dit de l'écu, rempli de dix bandes de couleurs alternées.

Couché, se dit d'un chien et autres animaux.

Coulissé, se dit d'une tour, qui a la herse ou coulisse à la porte.

Coupé, se dit de l'écu partagé par le milieu horizontalement.

Couple, se dit des chiens liés ensemble.

Courant, de tout animal qui court.

Courbé, il se dit de fasces un peu voûtées en arc.

Couronné, se dit de toutes choses qui ont couronne.

Cousu, se dit du chef, quand il est métal sur métal ou couleur sur couleur.

Couvert, se dit d'une tour qui a un comble.

Cramponné, de croix et autres pièces, qui ont à leurs extrémités une demi-potence.

Crenelé, se dit pièces à creneaux.

Crèté, se dit des coqs à cause de leur crète.

Croisé, se dit du globe impérial des bannières qui ont croix.

D.

Danché, se dit du chef, fasce, bande, parti, coupé, taillé, écartelé, quand ils se terminent en pointes aigues comme des dents.

Découpé, se dit des lambrequins, qui sont découpés à feuilles d'acanthe.

Défenses, sont les longues dents des sangliers et des éléphants, qui paraissent au dehors, et sont la principale défense de ces animaux contre ceux qui les attaquent.

DE L'UN EN L'AUTRE, se dit du parti, du coupé, du tranché, de l'écartelé, du fascé, du palé, du bandé, etc., etc., quand ils sont chargés de plusieurs pièces, qui sont sur l'une de ces parties de l'émail de l'autre réciproquement et alternativement.

DE L'UN A L'AUTRE, se dit des pièces étendues qui passent sur les deux pièces de la partition ou sur toutes les fasces, bandes, peaux, et alternant les émaux de ces partitions.

DÉMEMBRÉ, se dit de l'aigle, du lion et de tout autre animal dont les membres sont séparés.

DENTÉ, se dit des dents des animaux.

DENTELÉ, se dit de la bande, de la croix, et autres pièces à petites dents.

DEUX, UN, se dit ordinairement de trois pièces, dont deux vers le chef, et une vers la pointe, comme les trois fleurs-de-lys de France.

DEXTROCHÈRE, est un bras droit avec la main dont pend quelquefois un fanon. Dans les actes du martyre de Sainte-Agnés, et dans la vie de l'empereur Maximin les bracelets sont appelés dextrochères, parce qu'on les portait principalement au poignet droit.

DIADÊMÉ, se dit de l'aigle, qui a un petit cercle rond sur la tête.

DIAPRÉ, se dit des fasces, peaux et autres pièces bigarrées de diverse couleur.

DIFFAMÉ, se dit du lion qui n'a point de queue.

DIVISÉ, se dit de la fasce, de la bande, à la moitié de sa largeur, et on dit bande en *divise*.

DONJONNÉ, se dit des tours.

DRAGONNÉ, se dit du lion qui se termine en queue de dragon.

Douloire, est un instrument dont se servent les tonneliers, et tient de la hache et de la serpe.

E.

Ebranché, se dit d'un arbre dont les branches sont coupées.

Ecaillé, se dit des poissons.

Eclaté, se dit des lances rompues et chevrons.

Eclopé, se dit d'une partition, dont une pièce paraît comme rompue.

Ecorché, se dit des loups, de gueules ou couleur rouge.

Ecartelé, se dit de l'écu divisé en quatre parties égales.

Ecartelure, est la partition de l'écu en quatre quartiers et quand ils sont contre partis de cette sorte on nomme ces quartiers contre-écartelures.

Echiqueté, se dit de l'écu qui a des pièces carrées, alternées, comme celle des échiquiers : il faut pour le moins qu'il ait vingt carreaux pour être dit échiqueté, autrement on dit équipollé, quand il n'y en a que neuf, et quand il n'y en a que quinze : il se dit aussi des animaux.

Ecot, est un tronc ou grosse branche d'arbre à laquelle il reste les bouts de petites branches qui ont été coupées. Le mot d'*Ecot* pris pour la partie du repas qu'on doit payer, vient de ce qu'on marquait sur les tailles ce que chacun devait comme on fait encore à la boucherie et chez les boulangers. C'était payer l'écot, comme on a dit depuis payer la taille, parce que les exacteurs des villages ne sachant pas écrire, marquaient sur des bâtons en les taillant, la quotité des taxes.

Effaré, se dit d'un cheval levé sur ses pieds.

Elancé, se dit du cerf courant.

Emaux, sont les métaux et couleurs du blason qui s'émaillaient anciennement sur les armes et sur les meubles.

Emanché, se dit des partitions de l'écu, où les pièces s'enclavent l'une dans l'autre, en forme de longs triangles pyramidaux.

Embouté, se dit des manches des marteaux dont les bouts sont garnis d'émail différent.

Embrassé, se dit d'un écu parti, ou coupé, ou tranché, par une seule émanchure qui s'étend d'un flanc à l'autre.

Emmanché, se dit des haches, marteaux, faulx et autres choses qui ont manche.

Emmuselé, se dit d'animaux auxquels on lie le museau.

Empenné, se dit d'un dard.

Empiétant, se dit de l'oiseau de proie, quand il est sur sa proie, qu'il tient avec ses serres.

Empoigné, se dit des flèches, javelots, et autres choses semblables de figure longue, quand elles sont au nombre de trois ou plus, l'une en pal, les autres en sautoir assemblées et croisées au milieu de l'Ecu. Les flèches de la devise des Etats de Hollande sont de cette sorte.

Enchaussé, est le contraire de chappé.

Encoché, se dit du trait qui est sur un arc, soit que l'arc soit bandé ou non.

Enclavé, se dit d'un Ecu parti, dont l'une des partitions entre dans l'autre.

Enclos, se dit du Lion d'Ecosse, qui est enclos dans un trèscheur.

Endenté, se dit d'une bande et autres pièces de triangles alternes, de divers émaux.

Enfilé, se dit des couronnes, annelets, et autres choses rondes ou ouvertes, passées dans des bandes, peaux, fasces, lances, ou autres pareilles choses.

Englanté, se dit du chêne, chargé de glands.

Engoulé, des bandes, croix, sautoirs et toutes autres pièces, dont les extrêmités entrent dans des gueules d'animaux.

Engrelé, se dit des croix etc, qui sont à petites dents.

Enguiché, se dit des cors, huchets, et trompes dont l'embouchure est de différent émail.

Enlevé, se dit de certaines pièces qui paraissent enlevées.

Ensanglanté, se dit du pélican et autres animaux sanglants.

Enté, se dit des partitions qui entrent les unes dans les autres.

Entravaillé, se dit des oiseaux qui ayant le vol éployé avec un bâton, ou quelque chose passée entre les ailes et les pieds.

Entrelassé, se dit de trois croissants, de trois anneaux et autres choses semblables passées les unes dans les autres.

Entretenu, se dit des clefs et autres choses qui se tiennent liées ensemble par leurs anneaux.

Epanoui, se dit des fleurs de lys, dont il sort des boutons entre les fleurons, d'en haut ; c'est comme ouvert.

Eployé, se dit des oiseaux, dont les ailes sont étendues.

Equipé, se dit d'un vaisseau qui a ses voiles, cordages, et autres choses.

EQUIPOLLÉ, se dit de neuf carrés, dont cinq d'un émail et quatre d'un autre.

Essorant, se dit des oiseaux qui n'ouvrent les ailes qu'a demi pour prendre le vent.

Essoré, se dit des toits des maisons de divers émail.

Essonier, est une espèce d'orle ou ceinture, et vient du Grec *Enzonion* qui signifie une enceinte ou ceinture.

Etai, est un petit chevron dont on se sert pour étayer ou appuyer quelque chose *Statumen*.

Etincelant, se dit des charbons, dont sortent des étincelles, et d'un écu, semé d'étincelles.

Eviré, se dit du lion, qui n'a pas la marque du sexe.

F.

Failli, se dit des chevrons rompus en leurs montants.

Fasce, est une pièce honorable qui occupe le tiers de l'écu horizontalement par le milieu.

Fascé, se dit de l'écu couvert de fasces.

Faux, se dit des armoiries qui ont couleur sur couleur, ou métal sur métal.

Fermaux, sont agraffes et fermoirs dont on s'est servi anciennement pour fermer les livres, et depuis pour arrêter et fermer les échappes, ceintures, courroies, on les a aussi nommés *fermadets*, et c'est par allusion que les Malet Sires de Graville en portaient trois.

Feuille de scie, est une fasce danchée par le bas, comme les scies, Coffé Brissac en porte trois.

Fiché, se dit des croisettes, qui ont le pied aiguisé.

Fier, se dit du lion hérissé.

Fierté, se dit des baleines dont on voit les dents.

Figuré, se dit de tout ce qui représente l'image du visage humain.

Flambant, se dit des peaux en forme de flammes.

Flanqué, des peaux, arbres, et autres figures, qui en ont d'autres à leurs côtés.

Fleuré, se dit des bandes, bordures, orles, trescheurs, et autres pièces dont les bords sont en façon de fleurs, ou de trèfles.

Fleuri, se dit des plantes chargées de fleurs.

Florancé, se dit de la croix, dont les extrêmités se terminent en fleurs de lys.

Flottant, se dit des vaisseaux, des poissons sur les eaux.

Foi, sont deux mains jointes, parce qu'on les joint ainsi pour marque d'alliance, d'amitié et de fidélité, elles sont ainsi aux revers de quelques médailles Romaines avec ces mots *fides exercituum*.

Forcené, se dit d'un cheval effaré.

Frangé, se dit des gonfanons, qui ont des franges, dont il faut spécifier l'émail.

Frette, est le comble d'un toit qui se fait le plus souvent de perches croisées comme les frettes du blason, c'est pour cela même que la bande et les cotices de Champagne, qui n'ont pas toujours été potencées, comme j'ai remarqué en plusieurs anciens monuments, sont appelées *fretteaux* en quelques vieux manuscrits.

Fretté, se dit de l'écu et des pièces principales, couvertes de bâtons croisés en sautoir, qui laissent des espaces vides et égaux en forme de losanges.

Fruité, se dit d'un arbre chargé de fruits.

Feuillé, d'une plante qui a ses feuilles.

Furieux, d'un taureau élevé sur ses pieds.

Fuselé, d'une pièce chargée de fusées.

Fusées, sont des pièces plus étendues en longueur que les losanges et affilées en pointe comme les fuseaux, elles sont pièces d'architecture, où l'on se sert pour ornement de fusée et de pesons.

Futé, d'un arbre, dont le tronc est de différente couleur, et d'une lance ou pique, dont le bois est d'autre émail que le fer.

G.

Gai, se dit d'un cheval nu sans harnais.

Garni, d'une épée, dont la garde ou la poignée est d'autre émail.

Gironné, c'est l'écu divisé en six, ou dix parties triangulaires.

Giron, est une pièce d'étoffe taillée en triangle, à qui on a donné le nom de Giron, parce que les femmes en portaient ainsi sur le sein que l'on nomme, giron de *gremium*.

Gonfanon, Confanon ou Confalon, est un étendard ou bannière d'église faite de plusieurs fanons ou pièces pendantes. La compagnie des pénitents blancs d'Italie et de quelques endroits de France est nommée *societas confolonis*, parce qu'elle marche sous un étendard, ou Confalon, et les magistrats de Florence quand elle était République se nommaient Confalonniers ; parce qu'ils pouvaient seul lever des troupes sous l'étendard de la République.

Gorgé, se dit de la gorge des oiseaux, du paon, cygne, etc., quand ils sont d'autre émail.

Grilleté, se dit d'oiseaux de proie qui ont des sonnettes aux pieds.

Gᴙɪɴɢᴏʟᴇ́, se dit de croix, sautoirs, fers de moulin, etc., qui se terminent en tête de serpents.

Gᴜɪᴠʀᴇ ou Vɪᴠʀᴇ, est une vipère et se forme du latin *vipera*, et de l'espagnol *Bivora*.

Gᴜᴍᴇɴᴇꜱ, sont les attaches des ancres que les Italiens nomment *Gomene*.

Gᴜᴇᴜʟᴇꜱ ou Gᴜʟᴇꜱ, est le nom de la couleur rouge que les Orientaux nomment *Gul* et *Ghiul*.

H.

Hᴀʙɪʟʟᴇ́, est un terme connu de tout le monde.

Hᴀᴍᴇʏᴅᴇꜱ, sont trois chantiers ou longues pièces de bois en forme de fasces alezées, qui se mettent sous les tonneaux qu'on nomme *Hames*, aux Pays-Bas dont est venu le nom d'*Hameydes*. Une famille de Flandres qui porte ces chantiers pour armoiries par allusion à son nom, en a introduit l'usage dans le blason, comme la maison de Créqui celui du Créquier. *Ameyde* ou *Hameyde* est encore une barrière en Flamand, où les maisons de bois traversées se nomment *Hamme*, d'où vient le nom de *Hameau*, à cause des maisons de village bâties de cette sorte, et des barrières dont les chemins sont fermés en Suisse et en Allemagne sur les avenues de ces hameaux, ce qui est fort incommode pour ceux qui voyagent à cheval, s'ils n'ont des gens de pied pour leur ouvrir ces barrières qu'ils trouvent sur tous leurs chemins.

Hᴀᴜꜱꜱᴇ́, se dit des bandes, chevrons, quand ils sont plus hauts que leur situation ordinaire.

Hᴀᴜᴛ, se dit de l'épée droite.

Hᴇ́ʀɪꜱꜱᴏɴɴᴇ́, d'un chat ramassé, accroupi.

Hᴇʀꜱᴇ́, d'une porte qui a sa coulisse abattue.

Hɪᴇ, est un instrument à battre le pavé quand on pave.

Hure, est la tête d'un sanglier, et de quelques poissons, comme le brochet.

Houssettes, sont brodequins au bas de chausses.

Herses, sont les treillis des portes des tours et châteaux faits comme les herses des laboureurs.

Huchet, est une trompe pour hucher ou appeler.

Houssé, d'un cheval qui a sa housse.

I.

Issant, des lions, aigles, et autres animaux, dont il ne paraît qu'une partie.

J.

Jumellé, se dit d'un chevron et d'un sautoir de deux jumelles.

Jumelles, sont Burèles qui se mettent en armoiries de deux en deux.

L.

Labels et labeaux dont est venu le terme de Lambel et celui de lambrequin, étaient anciennement des rubans en forme d'éguillettes, que les jeunes gens portaient au col comme on y porte maintenant des cravates. Ces rubans s'attachaient au col du Heaume et quand il était placé sur l'écu il en couvrait la partie la plus haute, ce qui servait à distinguer les enfants de leurs pères, parce qu'il n'y avait que les jeunes gens qui n'étaient pas encore mariés qui les portassent, dont est venu l'usage d'en faire les brisures et les marques de distinction. Les étrangers, qui n'ont pas eu cet usage lui ont donné divers noms. Les Italiens l'ont nommé *rastello*, rateau, quelques Allemands, *Brucken* ponts : quelques auteurs l'ont pris pour des gouttes d'architecture dont on lui donne aujourd'hui communément la figure.

LAMBREQUINS, sont des violets d'étoffe découpée qui descendent du casque qu'ils coiffent, et embrassent l'écu pour lui servir d'ornement.

LAMPASSÉ, se dit de la langue des lions, et autres animaux.

LANGUÉ, de celle des aigles.

LÉOPARDÉ, du lion passant.

LEVÉ, des ours en pieds.

LIÉ, des choses attachées.

LIONNÉ, des léopards rampants.

LORRÉ, des nageoires des poissons.

LOSANGÉ, de l'écu, et figures couvertes de losanges.

L'UN SUR L'AUTRE dont l'un est posé et étendu au-dessus d'un autre.

LOSANGE, est une figure de quatre pointes dont deux sont un peu plus étendues que les autres.

M.

MACLE, est une maille de cuirasse, ou un losange ouvert et percé en losange.

MAÇONNÉ, pans de mur, châteaux, et autres bâtiments.

MALORDONNÉ, se dit de trois pièces une en chef, deux autres parallèles en pointe.

MALTAILLÉ, se dit d'une manche d'habit bizarre, il n'y en a des exemples qu'en Angleterre.

Mᴀɴᴛᴇʟᴇ́, se dit des animaux qui ont un mantelet.

Mᴀʀᴄʜᴇ́, est un vieux terme des anciens manuscrits, pour la corne du pied des vaches.

Mᴀʀɪɴᴇ́, se dit des lions et autres animaux qui ont une queue de poisson.

Mᴀsǫᴜᴇ́, se dit d'un lion qui a un masque.

Mᴇᴍʙʀᴇ́, des jambes et cuisses, etc.

Mᴇʀʟᴇᴛᴛᴇs, sont des oiseaux sans bec, et sans pattes.

Mɪᴘᴀʀᴛɪ, se dit de l'écu qui est coupé est parti seule-ment en une de ses parties.

Mɪʀᴀɪʟʟᴇ́, ailes des papillons.

Mᴏʟᴇᴛᴛᴇ, est l'étoile ouverte, ou la rosette d'un épe-ron.

Mᴀssᴀᴄʀᴇ́, est une tête de cerf, de bœuf, ou de quelque autre animal décharné. Ce qu'il ne faut pas confon-dre avec les têtes, les rencontres de ces mêmes ani-maux.

Mᴏɴsᴛʀᴜᴇᴜx, des animaux à face humaine.

Mᴏɴᴛᴀɴᴛ, écrevisses, croissants, et autres choses dres-sées vers le chef de l'écu.

Mᴏʀɴᴇ, est un cercle, ou extrêmité ronde d'un bâton, huchet et autre chose semblable. Il vient de *Murœna*, ou *Murœnula*, collier et bracelet par ce qu'ils se laissaient anciennement en forme de poisson plié en rond, et se mordant la queue comme des serpens.

Mᴏʀɴᴇ́, du lion, et autres animaux, sans bec, langue, griffes, et queue.

Mᴏᴜᴄʜᴇᴛᴇ́, se dit de pièces, et de l'écu, quand il est plein de mouchetures, et d'hermines.

Mᴏᴜᴠᴀɴᴛ, se dit des pièces attenantes au chef, aux an-gles, aux flancs, où à la pointe de l'écu, dont elles sem-blent sortir.

6

N.

Naissant, se dit des animaux qui ne montrent que la tête sortant du chef, de la fosse.

Naturel, se dit des animaux, des hommes, des plantes, etc.

Nébulé, se dit des pièces faites en forme de nuées.

Nervé, se dit des feuilles, dont les nerfs et fibres paraissent d'un autre émail.

Noué, se dit de la queue du lion quand elle a des nœuds en forme de houpes.

Noueux, se dit d'un écot, où bâton à nœuds.

Nourri se dit des plantes qui ne montrent point de racine, et des fleurs de lys, dont la pointe d'en bas ne paraît pas.

Nylle, est le même qu'Anille.

O.

Ombre, est l'image d'un corps si déliée que l'on voit le champ au travers. Trésignies aux Pays-Bas porte une ombre de lion: On nomme aussi ombres de Soleil, celle où l'on ne figure pas un nez, des yeux et une bouche à cet astre comme on le peint ordinairement ainsi; la croix des Hérauts est dite cantonnée de quatre ombres de soleil.

Ombré, se dit des figures qui sont ombrées.

Ondés, fasces, peaux, chevrons, et autres pièces un peu tortillées à ondes.

Onglé, se dit des ongles des animaux.

Oreillé, des Dauphins, et des coquilles.

Orle, est une bordure qui ne touche pas les bords de l'écu.

Otelles, sont bouts de fers de pique que l'on a appelé amandes pellées par abus, parce qu'ils en ont la figure.

Ouvert, des portes de châteaux, tours, et etc.

P.

Paillé, est le même que diapré.

Pairle, est une fourche, ou un pal, qui mouvant du pied de l'écu quand il est arrivé au milieu se divisent en deux autres parties égales qui vont aboutir aux deux angles du chef. Ce nom vient du latin *Pergula*.

Pal, est une des pièces honorables du blason, qui occupe le tiers de l'écu de haut en bas par le milieu.

Palé, se dit de l'écu et figures chargés de peaux.

Palissé, se dit des pièces à peaux ou fasces éguisées, enclavées les unes dans les autres.

Paissant, se dit des vaches, et brebis qui ont la tête baissée pour paître.

Papillonné, se dit d'un ouvrage à écailles et moucheté.

Pamé, Dauphin sans langue, la hure ouverte.

Parti, se dit de l'écu et des animaux et autres pièces divisées.

Passant, des animaux qui semblent marcher.

Passé en sautoir, des choses qui sont mises en forme de croix.

Patenostre, est un dizain de chapelet, où le chapelet entier.

Patté, des croix dont les extrêmités s'élargissent en forme de pattes étendues.

Peautré, de la queue des poissons.

Pendant, des deux, trois, quatre, cinq, et etc, pièces pendantes de lambeaux.

Percé, des pièces ouvertes à jour.

Perché, des oiseaux sur une perche, et sur des branches.

Peri, en bande, en barre, en croix, en sautoir de ce qui est mis dans le sens de ces pièces.

Pignonné, de ce qui s'élève en forme d'escalier de part et d'autre pyramidalement.

Piles, sont pointes renversées.

Plié, des oiseaux qui n'étendent pas les ailes, particulièrement des aigles que l'on dit alors au vol plié.

Plumeté, est le même que le moucheté.

Pommetté, se dit des croix, et rais, tournés en plusieurs boules ou pommes.

Posé, se dit du lion arrêté sur ses quatre pieds.

Potencé, se dit des pièces.

Q.

Quartier, est une des quatre parties de l'écu écartelé ou en bannière ou en sautoir, il fait seul une des parties, honorables et on le nomme franc-quartier.

Quintefeuille, est une fleur de pervenche de cinq feuilles percée ou ouverte en cœur.

R.

Raccourci, est le même qu'alézé.

Ramé, est le même que clavillé pour les cornes de cerfs.

Rampant, se dit du lion droit.

Rangé, sur une même ligne en chef, en fasce, ou en bande.

Ravissant, d'un loup portant sa proie.

Rayonnant, du soleil, et des étoiles.

Les Rais, sont des bâtons pomettés en fleurs-de-lys bourbonnés ou, mis en pal, fasce bande et barre comme les rais d'une roue. On les nomme quelquefois rais d'escarboucle, quand ils ont en cœur une de ces pierreries, comme l'ancienne armoirie de Clèves, dont les modernes changent l'escarbourcle en un petit écusson.

Recerclé, croix ancrée, tournée en cerceaux, et de la queue des cochons, et lévriers.

Recoupé, des écus mi-coupés, et recoupés un peu plus bas.

Recroisetté, des croix, dont les branches sont d'autres croix.

Rempli, des écussons vidés et remplis d'autre émail.

Rencontre, est la tête d'un bœuf, d'un cerf, d'un bélier et de tout autre animal dont on voit les deux yeux.

Resarcelé, des croix qui en ont une autre conduite en filet d'autre émail.

Retrait, des bandes, peaux, et fasces, qui de l'un de leurs côtés seulement ne touchent pas les bords de l'écu.

Roc, est le fer morné d'une lance de Tournoy ou recourbé à la manière des extrémités des croix ancrées. On l'appelle aussi Roc d'Echiquier, parce que les tours des échecs que les Espagnols nomment Roque ont la même forme.

6

Rompu, des chevrons, dont la pointe d'en haut est coupée.

Rouant, du paon qui étend sa queue.

Rustre, est un losange percé en rond, et vient de l'allemand *Rutten* qui signifie ces losanges percés qui servent à arrêter le gros clou à vis des serrures et des happes des portes.

S.

Sable, est la couleur noire en armoiries.

Saillant, d'une chèvre et mouton ou bélier en pied.

Sangle, du cheval, et des pourceaux, et sangliers qui ont par le milieu du corps, une espèce de ceinture d'autre émail.

Sautoir, est une pièce honorable faite en croix de St-André, elle servait autrefois à clore les bois ou sauts d'où elle a été dite sautoir, *Sultuarium*.

Sellé, du cheval.

Semé, des pièces, dont l'écu est chargé.

Sénestre, d'une pièce qui en a une à sa gauche.

Sinople, est la couleur verte.

Sommé, d'une pièce qui en a une autre au-dessus d'elle.

Soutenu, c'est le contraire de celle qui en a une autre au-dessous.

Sur le tout, se dit d'un écusson qui est sur le milieu d'une écartelure.

Sur le tout du tout, se dit de l'écusson qui est sur le milieu de l'écartelure d'un écusson, qui est déjà sur le tout.

Surmonté, est le même que sommé.

T.

TAILLÉ, se dit de l'écu divisé diagonalement de gauche à droite en deux parties égales.

TERRASSÉ, se dit de la pointe de l'écu faite en forme de champ plein d'herbe.

TIERCÉ, se dit de l'écu en trois parties en long, ou en large.

TIGÉ, se dit des plantes et fleurs.

TIMBRÉ, se dit de l'écu couvert du casque ou timbre.

TORTILLANT, se dit de la guivre ou serpent.

TORTIL, est le diadème qui ceint les têtes des Mores.

TOURNÉ, du croissant et autres pièces tournées.

TRACÉ, c'est le même qu'ombré.

TRANCHÉ, se dit de l'écu divisé diagonalement en deux parties égales de droite à gauche.

TREILLISSÉ, est le fretté plus serré.

TRÈFLE, est une herbe à trois feuilles.

TRESCHEUR, est un trèfle ou orle fleur conduit dans le sens de l'écu.

TROIS, deux, un, se dit de six pièces disposées, trois en chef sur une ligne, deux au milieu et une en pointe de l'écu.

V.

VAIRÉ, se dit de l'écu, et des pièces chargées de vairs.

VAIR, est une fourrure blanche et bleue d'un animal que les latins nomment *Varus*.

Vannets, sont les coquilles dont on voit le creux.

Vergeté, de l'écu rempli de peaux, depuis dix et au-
delà.

Versé, se dit des glands, pommes de pin, croissants,
etc.

Vetu, se dit des espaces que laisse un grand losange
qui touche les quatre flancs de l'écu.

Vilené, se dit du lion, dont on voit le sexe.

Virolé, des boucles, mornes, et anneaux des cors, huchets, trompes.

Vires, sont des anneaux passés les uns dans les
autres comme aux armoiries d'Albissi et de Virieu.

Vivré, des fasces, bandes, peaux, etc., à replis carrés.

Vicide, se dit des jux et autres pièces ouvertes, au
travers desquelles on voit le champ, ou sol de l'écu.

Vol, est deux ailes d'oiseaux jointes, une seule se dit
demi-vol.

FIN.

Arras. — Imp. Schoutheer, rue des Trois-Visages, 53.

www.ingramcontent.com/pod-product-compliance
Lightning Source LLC
LaVergne TN
LVHW020215030726
842520LV00003B/1081